O Tao da Motivação

Max Landsberg

O Tao da Motivação

Como Inspirar a Si Mesmo e aos Outros

Tradução
ADAIL UBIRAJARA SOBRAL
MARIA STELA GONÇALVES

EDITORA CULTRIX
São Paulo

Título do original: *The Tao of Motivation*.

Copyright © 1999 Max Landsberg.

Desenhos © 1999 Higgins.

Publicado originalmente em inglês pela HarperCollins*Publishers Ltd.*

Todos os direitos reservados. Nenhuma parte deste livro pode ser reproduzida ou usada de qualquer forma ou por qualquer meio, eletrônico ou mecânico, inclusive fotocópias, gravações ou sistema de armazenamento em banco de dados, sem permissão por escrito, exceto nos casos de trechos curtos citados em resenhas críticas ou artigos de revistas.

O primeiro número à esquerda indica a edição, ou reedição, desta obra. A primeira dezena à direita indica o ano em que esta edição, ou reedição, foi publicada.

Edição	Ano
1-2-3-4-5-6-7-8-9-10-11	03-04-05-06-07-08-09-10-11

Direitos de tradução para o Brasil
adquiridos com exclusividade pela
EDITORA PENSAMENTO-CULTRIX LTDA.
Rua Dr. Mário Vicente, 368 — 04270-000 — São Paulo, SP
Fone: 272-1399 — Fax: 272-4770
E-mail: pensamento@cultrix.com.br
http://www.pensamento-cultrix.com.br
que se reserva a propriedade literária desta tradução.

Impresso em nossas oficinas gráficas.

À *memória dos meus avós*
Ann e William,
Max e Hedwig

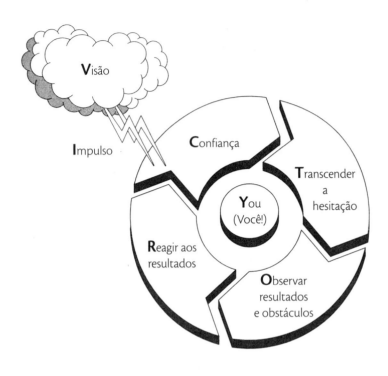

"Porque os movimentos da vida do homem são espirais:
voltamos ao ponto de onde viemos,
sempre refazendo nossos próprios passos,
mas rumo a um nível mais alto,
para a próxima volta ascendente da espiral,
e assim se retrocede e se avança
sempre e ao mesmo tempo.
George MacDonald (1824-1905)
England's Antiphon

SUMÁRIO

Introdução 9

As aventuras de Alex no país da motivação:
1. A Motivação e as Três Dimensões da Liderança 13
2. VICTORY — A Essência da Motivação 19
3. Visão 27
4. Impulso — Dinheiro, Poder, Sexo, Respeito, Ciúme,
   Orgulho, Dever, Perfeição, Esperança 34
5. Confiança 40
6. Transcender a Hesitação 47
7. Observar os Resultados e Encarar os Obstáculos
   como Oportunidades 53
8. Reagir aos Resultados 61
9. You (Você!) 67
10. Psicologia Essencial 73
11. Tipos de Personalidade 87
12. Medo do Sucesso e Outras Razões para não Estar Motivado 93
13. Destruindo a Motivação 101
14. O Efeito Dominó 105
15. A Geração Pós-Guerra Encontra a Geração X 111
16. PNL — Programação Neurolingüística 117
17. Elogios 123
18. *Stress*; Mente, Corpo e Espírito 129
19. Motivação — Além do Local de Trabalho 137
20. Mestre em Motivação 143
Resumo 150

Apêndices 153
Bibliografia 163
Glossário 167
Agradecimentos 171
Índice Remissivo 172

· 7 ·

INTRODUÇÃO

Você a *tem*. Está em suas mãos. Você dispõe da chave para motivar outras pessoas e a si mesmo.

Qual é a coisa mais importante do mundo? O dinheiro, o poder, o sexo? A comida, a moradia, a segurança? O amor? A saúde? Por mais vitais que sejam essas coisas, existe algo igualmente essencial — a capacidade de motivar outras pessoas e a si mesmo. Porque, com a habilidade e o hábito da motivação, vem a capacidade de dar vida aos seus sonhos — ou quem sabe até, antes de tudo, de sonhar!

Motivação. A capacidade para energizar a si mesmo (ou alguém) para realizar algo surpreendente. Envolve uma série de passos: criar uma visão e o impulso, cultivar a confiança, transcender a hesitação, observar resultados e superar obstáculos, reagir construtivamente ao resultado. Esses passos reforçam um ao outro, principalmente ao dar solidez à confiança.

A capacidade da automotivação é aquilo que leva a pessoa bemsucedida a realizar ainda mais, impulsiona quem se sente derrotado a se levantar puxando-se pelos próprios cabelos, além de promover o desenvolvimento de todos nós.

É claro que, se puder ajudar alguém a ficar mais motivado, você terá dado a essa pessoa um presente inesquecível. Não surpreende que você não possa ser líder nos negócios se não puder motivar o seu pessoal.

Mas a importância desse talento vai bem além do local de trabalho. Porque todos somos, em algum momento, líderes de alguma coisa — de uma família, de um grupo de amigos, de uma equipe esportiva, de um amigo em necessidade.

Além disso, num mundo cada vez menos previsível, talvez só haja uma única fonte de verdadeira segurança — saber que você pode motivar a si mesmo, quaisquer que sejam as circunstâncias em que se encontre.

Mais duas observações:

1. Você não pode motivar outra pessoa se não estiver motivado; e o inverso costuma ser verdadeiro. Essa é uma razão para este livro se chamar *O Tao da Motivação*. O taoísmo afirma que as coisas (mesmo que pareçam opostas entre si) estão intimamente ligadas umas às outras. O conhecido símbolo do yin-yang representa essa idéia. Você já foi motivado por alguém que não estivesse motivado? Você não se sente motivado quando ajuda alguém a atingir esse estado?

2. Não perca tempo com a questão semântica de se existe ou não diferença entre sentir-se "motivado em geral" e sentir-se "motivado para alcançar um objetivo específico". A maioria das pessoas, se estiverem motivadas em algumas áreas particulares de sua vida, vão se sentir motivadas em geral. Qualquer distinção é artificial.

O TAO DA MOTIVAÇÃO

Motive a si mesmo

Motive outras pessoas

O que você pode esperar deste livro

Quando tiver lido este livro, e aplicado algumas de suas sugestões, você deverá ser capaz de se motivar para atingir uma meta específica, ficará mais "motivado" em geral e causará nas outras pessoas um efeito surpreendentemente parecido.

É estranho que a capacidade para a motivação raramente seja ensinada, a não ser pelos sobressaltos, obstáculos e acasos da sorte que marcam a nossa vida. Este livro pretende suprir essa carência proporcionando alguns instrumentos e técnicas simples que têm dado certo para muitas pessoas há muitos anos.

Mesmo assim, todo livro é apenas um guia. A prática faz a perfeição, e tomei a liberdade de sugerir alguns exercícios: maneiras simples de "transcender a hesitação" e desenvolver suas capacidades motivacionais em interação com outras pessoas.

Estrutura do livro

A primeira metade deste livro expõe uma técnica simples, mas eficiente, para a motivação pessoal e dos outros. A segunda metade do livro explica elementos essenciais relacionados de psicologia prática — a quantidade mínima de que você precisa para ser um dirigente —, aspectos que tenho certeza que você vai considerar relevantes fora do ambiente de trabalho.

* * *

Em resumo: a pessoa motivadora não procura apenas sentir-se bem ou fazer que outros se sintam bem; quer ver as recompensas revigorantes dos esforços redobrados.

No atual mundo dos negócios (só para começar), o alto nível de energia e o foco coerentes são essenciais para o sucesso e a felicidade de cada pessoa. Espero que este livro ajude você e outras pessoas a adquirir rapidamente o hábito positivo da motivação.

Max Landsberg
Londres, 1999

Aquele não era mesmo o dia de Napoleão...

Para liderar outras pessoas, você precisa motivá-las; para motivar pessoas, você precisa primeiro se motivar

1. A Motivação e as Três Dimensões da Liderança

Em que Alex começa a perceber que precisa espalhar um pouco de inspiração

Alex acabava de voltar das férias. Embora a mala estivesse leve, assim como a sua carteira, os seus ombros estavam ligeiramente encurvados. Há uma semana ele esperava o telefonema. Aquele que lhe daria os parabéns pela sua eleição para o Conselho de Administração. Só que o telefone não tocou. Embora tivesse ligado para ele para uma breve conversa, o Presidente do Conselho não revelara nada de definido. E agora Alex temia que nenhuma notícia se transformasse em *má* notícia.

Usando a pele bronzeada como proteção, ele entrou no escritório no décimo andar da sede mundial da empresa. Enquanto cumprimentava calorosamente a secretária, Julia, ele ficou imaginando o que ela saberia sobre as perspectivas da carreira dele. Ela não deixou transparecer coisa alguma. "... Ah, sim", terminou ela, num tom casual, "a propósito, Jim quer falar com você às nove e meia."

Jim era um sujeito muito direto. E era também chefe de Alex. Alex sabia que a mão estendida em boas-vindas indicaria também positivo ou negativo. E ficou imaginando o que ela iria assinalar.

· 13 ·

Ele foi salvo de mais especulações pela chegada inesperada de Jim. "Foram boas as férias?", perguntou Jim. Alex sabia que a pergunta era apenas retórica, enquanto Jim se sentava à sua frente e continuava: "Desculpe, eu não pude ligar. Meio difícil, você sabe. Vou direto ao assunto: infelizmente, não conseguimos a sua nomeação para o Conselho..." A cabeça de Alex girou. Aquela havia sido a última chance, e todo mundo sabia disso. Ele tentou prestar atenção, mas a sua mente estava errática, girando a mil por hora. "O que vou dizer a Sarah? Qual o nome do bar na Grécia em que estávamos há apenas uma semana? Jim vai me demitir?" Várias horas depois, Alex chegaria à seguinte reconstrução artística da conversa mortal.

"Olha, Alex, todos acham que você é ótimo na sua função. Você identificou atraentes candidatas à aquisição para a empresa, dirigiu algumas importantes reorganizações e fez contribuições importantes em reuniões do Comitê Executivo. "Mas estamos num negócio em que as pessoas de fato importam. Essa gente precisa ser *motivada e inspirada*, e não simplesmente chefiada. Embora suas equipes o considerem um treinador, existe a sensação de que você não sai do feijão-com-arroz. Talvez não esteja dando bastante atenção a uma liderança verdadeiramente capaz de inspirar. Lamento, mas a empresa está ficando mais exigente quanto a esse aspecto da liderança — especialmente quando está em jogo a eleição de diretores."

O nível de adrenalina de Alex terminou por baixar, e ele ouviu conscientemente os comentários finais de Jim: "Sei que você vai precisar de algum tempo para absorver tudo isso. Há um cargo que precisamos preencher — a chefia de Projetos Especiais. Achamos que você deveria cuidar disso por uns dois meses. Vai ajudá-lo a refletir melhor sobre tudo isso." "Você está dizendo que eu não tenho futuro na empresa?", murmurou Alex. "Isso não é justo!"

"Veja bem, Alex, os verdadeiros líderes têm três coisas em comum: a inteligência e a capacidade artística para desenvolver uma visão estimulante da direção que a equipe deve seguir; o entusiasmo para inspirar a equipe, os clientes e outras pessoas com essa visão; e a automotivação, o carisma e a capacidade para a resolução de problemas que possa manter a equipe e as pessoas energizadas e em ação. Tudo isso se resume na capacidade para motivar outras pessoas.

"Não dizemos que lhe faltem necessariamente essas qualidades. É apenas que não as vimos em quantidade suficiente. Logo, não o estamos demitindo. Mas você vai precisar de algum tempo para pensar se é capaz — e se quer — demonstrar essas capacidades. Posso entender bem se você disser 'Ao diabo com a empresa' e decidir ir embora. Eu, com certeza, não posso lhe prometer uma promoção no futuro próximo."

Alex sabia precisamente o que isso queria dizer. Os Projetos Especiais nunca tinham sido uma coisa muito especial. O departamento era um lugar de transição para executivos prestes a sair da empresa. "Refletir melhor sobre tudo isso" equivalia a encontrar outra empresa onde trabalhar. Alex sabia que estava sendo transferido para o Corredor da Morte. Eram bem poucas as possibilidades de um perdão. E seus únicos companheiros seriam o Quinteto Desafinado — um punhado de novatos que a companhia não podia usar em cargos mais importantes.

* * *

Alex ficou alguns minutos imóvel depois que Jim saiu do escritório. Deixando o prédio, ele foi dar um passeio para clarear as idéias. Saindo do elevador, ele desviou os olhos da luz do sol que inundava as portas giratórias e invadiam a área da recepção. Como se movida a raios solares, uma figura se aproximou dele. Era Michael, o ex-diretor de finanças da empresa e que fora mentor de Alex. Michael era agora diretor não-executivo da empresa alguns dias por mês: "Alex, como vai? Faz tempo que não vejo você. Voltando das férias?"

"Sim... Mas acabei de ter uma surpresa desagradável."

Michael suspeitou que Alex já soubesse da decisão do Conselho, mas mesmo assim conferiu: "Você acabou de falar com Jim?"

"É... Escuta, há algum jeito de a gente se ver mais tarde?" Michael hesitou. "... tenho reuniões o dia inteiro, Alex." Mas ele sabia que Alex precisava de algum apoio. "Podemos tomar um drinque rápido às seis e meia, se você quiser."

Alex aceitou isso como uma tábua de salvação. Sabia que teria de contar a Sarah a péssima notícia quando chegasse em casa. Talvez falar antes com Michael servisse para ele ensaiar. E talvez Michael pudesse ajudar de maneira mais concreta também...

Motivação e Liderança

Há muitas razões para desenvolver a capacidade e o hábito da motivação. As principais podem ser: a) tornar-se um líder mais eficaz, e b) num plano mais geral, ser uma força positiva e filantrópica no mundo.

Claro que ser filantrópico é uma escolha de cada um. Mas quem tem sucesso nos negócios tende a ser líder e, fora do ambiente de trabalho, a necessidade de liderar costuma ser entregue a nós — quer a busquemos ou não conscientemente. A maioria de nós é em algum momento líder de *alguma coisa*: uma empresa, um grupo de trabalho, uma equipe esportiva, uma família, um grupo de amigos que saem para ir ao cinema; e no mínimo, no mínimo, somos líderes de *nós mesmos*.

Já se escreveu muita coisa sobre liderança, mas tudo parece se resumir numa fórmula única, explicada na página seguinte [Cf.]:

Liderança = Visão x Inspiração x Impulso

Observe que, mesmo que se concentre de início em desenvolver uma Visão e depois na Inspiração e no Impulso, o líder ou a líder também continua, à medida que progride a sua missão, a trabalhar em todas essas dimensões. Além disso, cada líder tem seu estilo, mas os verdadeiros líderes transmitem um limiar mínimo de *todas as três* dimensões. O Visionário incapaz de inspirar não é um líder. Nem o é aquele que mantém o Impulso mas não tem Visão.

* * *

Mas como o nosso assunto é a *motivação*, que relação tem ela com a liderança?

- É improvável que você possa ser um líder eficiente se não puder motivar outras pessoas.
- A motivação tem íntimos vínculos *com todas as três* dimensões da liderança.
- Embora todos os líderes precisem motivar, nem todos os motivadores têm de ser líderes. Você pode aplicar as capacidades de motivação "apenas" para ajudar um amigo.

O restante deste livro pretende proporcionar a você alguns instrumentos práticos e fáceis de lembrar para ajudá-lo a motivar a si mesmo e a outras pessoas. O Capítulo 2 apresenta o primeiro desses instrumentos. Mas antes preencha o formulário de verificação do Apêndice B, página 155, para ajudar você a seguir uma linha coerente de desenvolvimento.

As Três Dimensões da Liderança

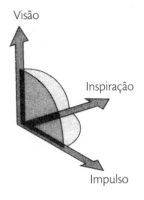

Visão

Inspiração

Impulso

Visão: ser inteligente o bastante para decidir o que precisa ser feito (uma idéia radicalmente nova ou uma velha idéia cuja hora chegou) e artístico o suficiente para construir imagens estimulantes tanto do destino como da natureza da jornada.

Inspiração: ser um vendedor bom o bastante para engajar os outros na visão, na jornada e na equipe.

Impulso: ter um grau suficiente de automotivação, de carisma, bem como de capacidade de se relacionar com pessoas e de resolver problemas a fim de manter a equipe e as pessoas energizadas e em ação.

Ilustrações de Liderança

	Trabalho	*Família*	*O eu*
1. Visão	"Licenciar rádios regionais e criar uma rede nacional"	"As melhores férias familiares da vida"	"Voltar a ser não-fumante"
2. Inspiração	Engajar as partes interessadas; construir a equipe	Causar entusiasmo nos membros da família	Engajar todas as partes do eu (indo além das preocupações com a saúde, com a poupança, etc.)
3. Impulso	Acompanhar o progresso; superar obstáculos; manter o espírito de equipe ou pessoal "para cima"		

2. VICTORY — A Essência da Motivação

Em que Alex descobre um diagrama simples que vai mudar para sempre a sua vida

À noite, no bar que ficava a um pulo do escritório, Alex atacou o balcão: "Dois uísques, por favor. Duplos."

Michael ajudara Alex em muitas ocasiões nos últimos cinco anos, e por isso este confiava nele e se sentiu capaz de relatar diretamente os comentários de Jim, enquanto se acomodavam num canto tranqüilo: "... de maneira que a companhia acha que eu sou um bom administrador e dirigente — que tem até a capacidade para ser treinador —, mas não me vê como alguém que inspire, motive e lidere."

"E como você se sente diante disso?", sondou Michael.

"Bem mal", replicou Alex. "Na verdade, eles não sabem como eu sou bom. Sou excelente em motivar pessoas. Basta perguntar a qualquer uma das minhas equipes."

"Fizemos isso." Os olhos do infeliz ouvinte se esbugalharam. "Alex, lamento mas você não vai poder fugir. É preciso encarar o problema de frente. E você tem de examinar essa questão da motivação não só no trabalho, mas em outros aspectos de sua vida. Já falamos sobre seu estilo de administração — lógica e controle, ainda que as-

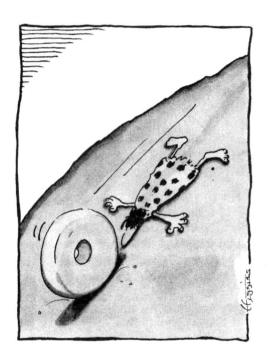

Oonga torna-se a primeira vítima de um círculo vicioso

Criar um círculo virtuoso que inclua a visão, a confiança, o esforço e os resultados, e reforçar as reações aos novos dados sociados a introvisão e intuição. Mas acho que você está pronto para se empenhar nas capacidades necessárias para *motivar* e *inspirar* pessoas. Talvez eu esteja extrapolando, mas acho que a sua família também vai sentir os benefícios. "Agora que me aposentei, estou com uma agenda mais tranqüila. Gostaria de ajudá-lo. Não tenho certeza se ainda vai servir para você progredir na empresa. Mas, de qualquer maneira, sua vida continua e estou certo de que o empenho em termos de sua capacidade para manter as pessoas em atividade vai de fato valer a pena."

Alex não tinha certeza de estar gostando dessa conversa. Tudo o que ele queria era alguém com quem partilhar as mágoas, mas agora era o ouvinte de algo que parecia uma palestra. "Como você acha que pode me ajudar, Michael?", ele perguntou, sem muito interesse.

Michael perguntou a Alex o que ele havia concluído até agora com relação à sua nova situação. Alex replicou que, durante a tarde, visitara o departamento de Projetos Especiais. Encontrara-se com o Quinteto Desafinado e descobrira que o Projeto Especial do momento era rever todas as reclamações de clientes feitas no ano anterior. Essa tarefa era a diversão preferida do Presidente do Conselho, mas ninguém mais parecia de fato interessado — incluindo os cinco membros do Quinteto.

Ele também disse a Michael que estivera tentando decidir como passar os próximos meses. Ou se concentraria na busca de outro emprego ou mostraria que a empresa estava errada fazendo um excelente trabalho nos Projetos Especiais. Mas não conseguira decidir em qual se concentrar.

"Para que todo esse pensamento do tipo 'ou isto/ou aquilo', Alex? Você sabe perfeitamente bem que motivar o Quinteto Desafinado se relaciona mais com *a maneira* de você trabalhar com eles e bem menos com a quantidade total de tempo que você investir na equipe. Por que não faz as duas coisas? Procurar fazer um trabalho notável no projeto *e também* criar uma rede de segurança encontrando uma po-

· 21 ·

sição possível fora da empresa? Assim, se acabar indo embora, você não vai se sentir um fracasso."

Alex teve dificuldade para ouvir essa crítica. Mas era claro que Michael acreditava nele. Isso tornava mais palatáveis as informações recebidas — e até um tanto inspirador. No final, ele pediu a Michael umas sugestões caso ele decidisse optar por motivar a equipe.

"Está bem, Alex. Logo tenho de ir embora, mas direi a você tudo o que sei sobre motivação nuns poucos pontos resumidos. Também vou deixar com você um diagrama que alguém me explicou há uns quinze anos e que sempre funcionou quando eu o usei."

Enquanto Alex ficava curioso, Michael prosseguiu: "A maioria desses pontos é tão relevante para a automotivação como para motivar outras pessoas — mas tenho certeza de que você mesmo vai perceber as interseções.

"Em primeiro lugar, **para motivar outra pessoa, você precisa estar** *genuinamente* **motivado.** Isso parece óbvio, mas é surpreendente o número de administradores e líderes que são motivados mas não transmitem sua animação — ou que não têm inspiração mas fingem estar motivados. As pessoas percebem o fingimento com facilidade. Se não puder se motivar com aquilo que faz, passe a uma função que de fato o anime e na qual seu entusiasmo motive os outros.

"Em segundo lugar, **concentre-se em motivar a outra pessoa numa área** *específica* **do trabalho ou da vida dela.** Algumas pessoas tentam estabelecer uma distinção entre sentir-se mais motivada em geral e estar motivada para atingir alguma meta específica. Não perca tempo com essa confusão, acredite em mim: uma pessoa motivada numas poucas áreas específicas de sua vida logo começa a se sentir da mesma maneira com relação à vida em geral.

"Em terceiro lugar, **seja um** *artista,* **não um conferencista.** Grande parte da motivação se relaciona com levar alguém a se engajar numa imagem de sucesso. Você tem de usar seu talento artístico para criar um quadro verdadeiramente estimulante daquilo que a pessoa, ou a equipe, pode conseguir. E, é claro, cada artista precisa conhecer o seu público — a visão que você desenvolve para alguém precisa atingir a própria personalidade.

"Em quarto lugar: **en-coraje**. Palavra interessante. Dê-lhes coragem. Para isso, os elogios costumam ajudar! Nesta época em que tudo gera um "retorno", as pessoas são continuamente bombardeadas no trabalho por mensagens ambivalentes: declarações positivas acompanhadas quase sempre de críticas implícitas. Por isso, faça alguns elogios genuínos — *sempre que* for merecido. Outras sugestões: ajude as pessoas a ver seu próprio progresso e a maneira como o seu progresso se encaixa na visão mais ampla (a visão para cada uma delas, para a equipe ou para a empresa). Auxilie-as a ter certeza de que não estão se desmotivando inconscientemente ao dizer a si mesmas palavras negativas.

"Por fim, você precisa entrar no ritmo de um **maratonista, não de um velocista**. É improvável que você consiga motivar alguém num instante. Determine o ritmo do seu apoio — em termos de tempo, de paciência e de elogio — para durar toda a corrida. Claro que isso se aplica tanto a motivar você mesmo como a motivar os outros."

Michael terminou o drinque, enquanto Alex refletia: "Isso é útil como premissa, mas como se motiva alguém a realizar alguma coisa *específica?*"

Michael pôs a mão no bolso, tirou uma caneta e virou duas "bolachas" de cortiça de sob os copos com a parte branca para cima. "É aqui que entra o diagrama. Outra hora falamos dos detalhes, mas eu ao menos vou esboçá-lo para você. Chama-se ciclo da VITÓRIA. [Em inglês, VICTORY.] Garanto que o sucesso é de cem por cento..."*

---

* As duas páginas seguintes mostram os aspectos esboçados nas "bolachas". [Para usar o mesmo acróstico do original, a palavra VITÓRIA foi mantida em inglês: VICTORY.]

VICTORY — A Espiral da Motivação

Motivar a si mesmo ou outra pessoa envolve uma série de passos: a motivação é um *processo*, raramente um drama de um só ato.

É, além disso, um processo *repetitivo*: os passos precisam ser reforçados enquanto você percorre de novo o círculo algumas vezes.

Os cinco passos são os seguintes:

- **Visão.** Talvez o passo mais crucial seja desenvolver uma visão estimulante de "sucesso". É raro que você desenvolva esse quadro num vácuo; ele precisa se desenvolver a partir de alguma realidade: da imagem de uma pessoa a quem você admira ou detesta (!), de conversas com outras pessoas ou da "imaginação" inspirada. Do mesmo modo, é difícil que uma visão seja "intelectual". As visões são mais úteis quando mobilizam os seis sentidos e quando oferecem a base para um plano de ação simples. Veja o Capítulo 3, sobre a Visão, e o Capítulo 16, sobre a PNL.

- **Confiança.** "Con-fiança" vem da palavra latina que significa "com fé". Uma visão sustentada com vigor cria fé e confiança. O Capítulo 5 ilustra outras maneiras de reforçar a confiança. O Capítulo 17 trata do elogio.

- **Transcender a hesitação.** Você uma hora vai ter de agir de alguma maneira para atingir a sua meta. Às vezes, isso requer "mergulhar na parte mais funda". Mas se tiver, por assim dizer, aterrado o poço (com uma visão substancial) e a confiança de saber que pode nadar, você vai sobreviver e talvez atinja a excelência (Capítulo 6).

- **Observar resultados e obstáculos.** Seus esforços serão recompensados com ou sem a ajuda da sorte (Capítulo 7).

- **Reagir aos resultados.** Sua perspectiva e — em seguida — sua confiança serão determinadas tanto pela maneira como você *reage* aos novos dados, que você e outras pessoas geram, quanto pelos resultados reais ou os próprios dados (Capítulo 8, sobre Reagir aos Resultados).

Claro que o Y de VICTORY é, naturalmente, VOCÊ MESMO (YOU) — tal como caracterizado pelos fatores básicos que o motivam (Capítulo 9) e pelos seus êxitos.

Num resumo bem geral, esta é a essência da automotivação e da motivação dos outros.

O Círculo Virtuoso

✓ Com uma visão energizadora e impulso: a confiança é forte, os esforços são redobrados, os resultados são dignos de nota, os novos dados são estimulantes e a confiança é reforçada. Você estará motivado.

✖ Sem uma visão ou impulso: os esforços são hesitantes, os resultados são medíocres, as respostas desapontam e a confiança se reduz; você estará desmotivado.

Exercício

1. Para se lembrar, copie o modelo acima na sua agenda — ou num cartaz — *agora*.
2. Descubra uma oportunidade para testar o modelo em você mesmo e nos outros.
   - Ele ajuda você a compreender os seus sentimentos positivos ou negativos com respeito a algum desafio que você esteja enfrentando atualmente?
   - Que partes do ciclo você pode usar com mais rapidez?

Seja como for, a nova escola abstracionista deixou Ted imóvel.

> **Uma visão estimulante
> cria confiança e
> catalisa a ação**

3. Visão

Em que Alex descobre que a sua capacidade
para desenvolver uma visão depende de um
pouco de prática, não dos seus genes

Como não faz parte da Nova Era nem é esportista internacional,
Alex se recusou a chorar quando contou à mulher a má notícia de não
ter sido indicado para ser Diretor da empresa. Mais tarde, nessa mesma noite, ela ajudou Alex a ver os méritos do caminho do tipo "tanto como" nos próximos meses — em vez da estratégia do caminho do
tipo "ou isto/ou aquilo". Ele *tanto* procuraria outro emprego *como* desenvolveria sua capacidade de motivar os outros.

Voltando ao trabalho na manhã seguinte, ele não tinha exatamente uma *visão* para nortear a si mesmo, mas pelo menos se sentia voltado
para um objetivo claro. Num período de três meses — por volta do Natal —, ele deveria ter realizado três coisas: deveria ter terminado com sucesso o Projeto Especial, deveria ter transformado o Quinteto Desafinado em artistas premiados e deveria ter encontrado um estimulante cargo
em outra empresa. Desafios difíceis de vencer. Contudo, já que formulara algumas metas concretas, ao menos se sentia um pouco energizado.

Naquela manhã, ele reuniu elementos sobre o projeto de reclamações dos clientes. Milhares de reclamações, sobre centenas de produtos, estavam educada e silenciosamente no computador. Ainda não havia uma idéia geral de quais eram os problemas. E lá estava o Quinteto... Rob, Bill, Emma, Jerry e Kate. Ele iria conhecer cada um deles melhor nos meses seguintes, mas sua primeira conversa individual de quinze minutos com cada um deles não o deixou confiante na capacidade nem na vontade do Quinteto.

"Bem", disse ele a si mesmo, "vamos organizar esse projeto." Como é normal nessas situações, ele começou por preparar um plano detalhado levando em consideração todas as relações existentes entre as várias subtarefas.

"Oh, não! Já vou começar de novo — só planos e nenhuma visão de conjunto." Alex descartou os planos. Pegando uma folha em branco, começou a sua busca de uma visão para o projeto. Durante dez minutos, anotou palavras, frases e imagens à medida que lhe ocorriam: "Usar as reclamações dos clientes em nosso proveito ... Espadas em arados ... A espada Excalibur ... O cliente não como inimigo mas como aliado ... Desembarque na praia ... Churchill..." Ele ficou *assustado*. Nunca tinha feito isso antes. Alex ficou agitado com a possibilidade de ter descoberto uma técnica estimulante e potente que deveria vir usando nos últimos vinte e cinco anos! Claro que era uma técnica tão esquisita que ele não diria a ninguém que a usava. Mas foi o que fez durante dez minutos.

Alex reviu suas três folhas de garranchos. Traçou círculos ao redor de algumas que lhe pareciam ter o maior potencial. "Alquimia — sim, transformar o metal inferior em ouro, ou as reclamações dos consumidores em iniciativas dotadas de valor. Mas isso parece muito místico. Pouca *ação*, não se pensa muito no cliente como parceiro." No final, ele escolheu *Excalibur* para tema do projeto — lembrou-se da excitação com que Jack, seu sobrinho, ouvira as histórias do Rei Artur a noite passada.

"E o que faço com isso?" — sua expressão de dúvida transformou-se gradualmente num sorriso. "Claro ... o nosso projeto e a nossa equipe ainda não têm identidade. Precisamos de um nome... Projeto Excalibur. Seremos uma equipe de Reis Arturs que empunham a espada da vantagem competitiva depois de retirá-la da pedra opaca que são as reclamações dos clientes."

Alex passou mais dez minutos esmiuçando a metáfora. Parecia que estava funcionando. Mas que dizer dos passos principais da missão? O tema era estimulante, mas como ele poderia alinhavá-lo numas poucas ações quando partilhasse essa visão com a equipe? Ele começou pelo fim: eles retirariam a espada metafórica na véspera de Natal, dali a três meses. E os passos intermediários? Havia tantos dados no computador! Eles precisavam de alguma fórmula mágica para transformar os dados em algo útil. Rob sabia alguma coisa de programação de computadores. Isso mesmo! Rob seria o Mago Merlin... Dez minutos depois, Alex tinha esboçado uma visão e um plano, bem como o perfil de algumas funções possíveis para todos os membros do grupo.

Recostando-se, Alex ficou refletindo. "Isso não se parece nem um pouco com o meu modo habitual de iniciar um projeto. São imagens em lugar de complexidades. Mas *me* deixou animado. Eu só espero que funcione com a equipe."

Ele hesitou antes de chamar o pessoal para uma reunião. Não seria melhor usar a metáfora do futebol que lhe ocorrera da primeira vez? Mas Excalibur — com toda a rica rede de imagens associadas — ficara impresso de modo indelével na sua mente. Ele só parou para anotar uma palavra em sua agenda: alquimista. Essa seria a sua visão para *si mesmo* nos próximos três meses. Ele transformaria a equipe num esquadrão motivado e se tornaria um motivador de outras pessoas.

* * *

Alex reuniu a equipe. Revelou-lhe a sua visão, comunicando-a com uma paixão e uma convicção genuínas que surpreenderam tanto a ele como ao pessoal. No início em dúvida, eles acabaram por se convencer de que Alex dera forma aos objetivos do projeto e às funções da equipe. E até começaram a dar idéias, que Alex tentou incorporar.

A reunião durou quarenta e cinco minutos. Em certo sentido, eles não tinham feito coisa alguma. Não tinham gerado planos detalhados nem alocado responsabilidades com precisão militar. Mas essa era a *velha* maneira de entender as coisas. Na realidade, tinham feito muito: dispunham de uma visão clara, envolvente e energizante do destino para o qual seguiam, conheciam os muitos rios a ser cruzados, montanhas a ser escaladas e funções que cada membro do grupo estaria desempenhando. Esses elementos serviriam bem à equipe ao longo do projeto. Eles também tinham elaborado alguns primeiros passos ativos — inspirando assim uns aos outros com entusiasmo e dando ao projeto um certo impulso inicial.

* * *

Nos dias seguintes, Alex passou algum tempo com Rob, Bill, Emma, Jerry e Kate. Trabalhou com eles em seus planos individuais de cumprimento de suas partes do projeto. Também fez ocasionais reformulações da visão do projeto, bem como da visão relativa ao papel de cada membro do grupo.

Rob, por exemplo, estivera bastante ansioso. A empresa nunca usara muito suas capacidades para a computação e ele sentia que os seus dias estavam contados. Alex experimentou usar a lógica: Rob poderia muito bem passar os próximos três meses praticando e aprimorando sua capacidade de usar bancos de dados. Ele poderia então aplicar isso na empresa ou usá-lo para pedir emprego em outras firmas. Mas, sem exagerar, Alex usou a visão para complementar a lógica. Foi a auto-imagem de Rob como um Merlin — a aquisição de poderes mágicos que ele podia levar a terras distantes — que de fato manteve o ânimo dele em alta.

Como Desenvolver e Partilhar uma Visão

O primeiro passo no ciclo de VICTORY consiste em desenvolver uma Visão estimulante e vívida do destino, assim como das principais etapas da jornada. Esse é o pré-requisito para toda motivação constante — de você mesmo ou de outras pessoas. À medida que avançar pelo ciclo de VICTORY, você vai voltar periodicamente a essa Visão. Sem uma Visão forte, há o risco de você se perder no labirinto psíquico da insegurança pessoal.

Ao desenvolver a Visão:

- Use a **imaginação** — afinal, você está criando uma **imagem**.
- Mobilize **todos** os seus sentidos para desenvolver e expressar a sua imagem. Quantos sentidos você tem? Bem, há os conhecidos cinco sentidos, seguidos do sexto sentido. Acrescente então o senso de humor, o senso de equilíbrio (ou de vertigem), o sentido do dever... Use todos eles.
- Mas verifique se a sua Visão é útil. O teste definitivo é a possibilidade de você a usar, integralmente ou em parte, para criar um **plano de ação bem simples (de uma página)** para seguir em frente. Esse plano desencadeia o vínculo trovejante entre a Visão e os outros componentes do ciclo de VICTORY. Não se perca no planejamento — apenas esboce algumas etapas importantes.

Se estiver motivando outra pessoa, ou uma equipe de pessoas, você vai precisar partilhar a sua Visão com clareza. Ao fazê-lo:

- **Traga a sua Visão para a vida usando todos os meios possíveis.** Ficar nas palavras pode não ser suficiente. Em alguns casos, nos quais a meta consiste em desenvolver uma habilidade específica, a rota mais proveitosa pode ser a demonstração. (Que vai provar que o objetivo é factível.)
- **Envolva a outra pessoa/outras pessoas no desenvolvimento adicional da Visão.** A Visão resultante será muito mais fácil de lembrar.
- Mesmo assim, **apresente seu esboço inicial da Visão com força total** — porque, pelo simples fato de "desafiar a equipe a ser grande", você está dando o primeiro passo para que ela aumente a própria confiança.
- Por fim, lembre-se de **reexprimir periodicamente a Visão**, enquanto faz que você mesmo ou outras pessoas percorram o ciclo de VICTORY.

Visão

A Visão deve:
- Ser uma imagem estimulante do destino e das principais etapas da jornada
- Mobilizar o máximo de sentidos possíveis
- Estimular um plano de ação simples a fim de energizar os outros passos do ciclo de VICTORY

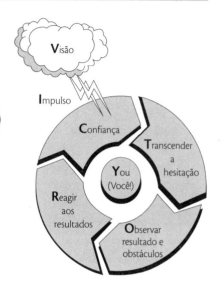

Exemplos de visões boas e ruins

✘	✓	Comentário
Tornar-se preeminente no campo da exploração espacial	Fazer um homem pousar com uma nave na Lua até o final da década	É específica, em vez de vaga
Acabar com o racismo	"Eu tenho um sonho..."	É uma verdadeira visão, com um impacto indelével
Sejamos patriotas!	"Deus está do lado de Harry, da Inglaterra e de São Jorge"	Mobiliza os sentimentos pessoais, apelando para a piedade e o dever
Cuidado com a radioatividade	☢	Mobiliza em termos visuais

Exercício

- Preencher o formulário do Apêndice C (página 156).

As Irmãs de Santa Ana consideram seriamente a possibilidade de rejeitar a "piedade" como a sua motivação primária, favorecendo em seu lugar algo um pouco mais excitante.

> **Domine impulsos viscerais a fim de se transformar positivamente**

4. Impulso — Dinheiro, Poder, Sexo, Respeito, Ciúme, Orgulho, Dever, Perfeição, Esperança...

Em que Alex entra em contato com as forças motrizes da sua vida

Alex sentia-se agora um pouco mais feliz. Começara a engajar os membros da equipe numa visão comum, embora soubesse que precisaria se empenhar mais para que o compromisso com aquela visão chegasse ao auge. Mas pensava que faria mais progressos em sua busca de emprego.

Recostou-se lentamente na cadeira e esticou as pernas, apoiando os pés em seu lugar habitual, na extremidade da escrivaninha. "O que me motivaria a começar a procurar emprego com todo o empenho?", pensou. "E que tipo de emprego seria mais estimulante conseguir?" Fechando os olhos por um momento, ficou com a mente vagando enquanto tentava visualizar um final feliz...

Inesperadamente, mas de modo hesitante, a porta se abriu, e seu velho amigo da escola, Joe, apareceu. Parecia alegre, em forma e bem vestido. Pai de três filhos, marido, e proprietário de várias empresas, Joe se dera muito bem na vida. Depois de conversar um pouco, Joe consultou o relógio e teve de ir embora — tinha uma importante reunião de que participar.

"O bom velho Joe", murmurou Alex. "Sempre foi talhado para o sucesso." Uma onda de inveja o invadiu.

Alex estendeu a mão para pegar o telefone e perguntar à secretária por que ela não anunciara a chegada de Joe. Mas o aparelho tocou antes de ele poder alcançá-lo.

"Estou apenas confirmando sua reserva para hoje, senhor." Alex gostava de ouvir a palavra "senhor". Especialmente quando era dita por alguém do restaurante mais respeitado e mais difícil de reservar da cidade. Alex confirmou a reserva e, num capricho, talvez inspirado pela inveja que acabara de sentir, solicitou a melhor mesa da casa. Como era um comensal regular, foi atendido. Alex adorava o Poder.

"Júlia: nada de telefonemas inesperados, por favor", ele disse por cima do ombro à secretária, que ocupava o escritório adjacente.

Alex viu no estacionamento que Dave, o melhor vendedor da empresa, entrava em sua Ferrari para ir almoçar com uma mulher extremamente atraente, cujas longas pernas pareciam não caber no carro. Alex decidiu que não devia pensar em sexo quando estava no escritório. Tratava-se de algo incompatível com a declaração de missão e com os valores da empresa — que ele ajudara a formular. Seu sentido de Dever venceu a sensação de Luxúria.

Ele começou a pensar de novo na procura de emprego. Seu primeiro empregador lhe veio à mente — o gerente do café Grease Spoon em que Alex passara várias férias escolares de verão. "Você parece perfeito para ser garçom", dissera o gerente. "Para falar a verdade, não vejo você fazendo mais do que isso; você simplesmente não parece esperto o bastante." Naquele longínquo dia, Alex resolvera mostrar ao gerente e a todo o pessoal de sua pequena cidade natal quanto sucesso poderia alcançar. O Orgulho pode ser um bom fator de motivação.

Sua mente começou a vagar, concentrando-se no castelo que ele acabara de comprar. O prédio tinha trinta e cinco quartos, fosso e ponte levadiça. Entrando no castelo, ficou perambulando. Foi até o alto da torre mais elevada, aproximou-se das ameias e supervisionou suas terras. "Gosto de ter dinheiro", pensou.

Nesse preciso momento, ouviu um ruído de pedras chocando-se umas contra as outras. Sentiu o chão faltar sob os pés. Viu pequenas rachaduras aparecerem na parte das ameias em que se encontrava. De súbito, Alex estava caindo, aproximando-se do fosso com velocidade crescente. Sua vida passou como um relâmpago diante de seus olhos. Ele amaldiçoou o dinheiro que lhe permitira comprar o castelo. Agora estava para se chocar contra o chão a qualquer momento...

* * *

... Alex acordou quando seus pés escorregaram da extremidade da escrivaninha e atingiram o chão num choque que lhe entorpeceu os calcanhares e fez seus joelhos se esticarem.

Dessa vez, o telefone tocou mesmo. Era Julia. "Desculpe-me incomodá-lo, mas sua esposa está na linha... e não se esqueça da reunião com o grupo do projeto dentro de meia hora."

"Oi, Sarah. Tudo bem?"

"Claro, Alex. Só liguei para dizer que o... o... a..."

"O quê? Como?", perguntou, espantado, Alex, a quem Sarah há algum tempo não dizia quanto o amava.

Sarah pigarreou e prosseguiu: "Perdi, perdi o endereço do restaurante onde vamos nos encontrar esta noite. O pessoal quer nos ver lá. Diga outra vez onde é."

Alex, com desânimo, forneceu os detalhes relevantes.

"Ah sim", disse Sarah. "Tem mais uma coisa: acho que eu amo você."

Os dois riram, e Alex viu com surpresa que ficou contente o resto do dia. Pensou nas imagens e impulsos que lhe tinham aparecido no sonho, e alguns deles conservavam seu atrativo.

Mas ele percebeu que o fator que de fato voltara a deixá-lo motivado fora o Amor que ele e a mulher sentiam um pelo outro, bem como a perspectiva do Respeito que ele esperava que a sua equipe passaria a ter por ele.

Além disso, resolveu identificar quais fatores provocavam um impulso semelhante em cada um dos membros do seu grupo.

· 36 ·

Impulso

Uma visão estimulante é muito boa. Mas e se *não estivermos de fato motivados a ficar motivados?* Ou se alguma pessoa, a quem queremos ajudar, estiver com esse estado de espírito?

Em primeiro lugar, você vai precisar dar um mergulho mais profundo no seu próprio íntimo — para encontrar algum fator de motivação que seja ainda mais inspirador do que uma visão da plena realização da tarefa que tem a seu cargo. Terá de encontrar bases para um trabalho interior de *marketing* pessoal, a fim de se convencer a agir — para criar um impulso e vencer a inércia e a procrastinação.

Pode ser que você — ou a outra pessoa que você deseja motivar — achem que "dinheiro é o máximo". Mas é improvável que essa seja toda a história.

A página seguinte apresenta alguns elementos potencialmente motivadores. Alguns podem parecer mais "saudáveis" do que outros; mas todos podem ser usados tanto de maneira "boa" como "ruim". Lembre-se apenas de que em geral colhemos aquilo que semeamos! Veja ainda a "hierarquia das necessidades" (Capítulo 10).

Em segundo lugar, você pode disparar seu arco da motivação — VICTORY — com um simples plano de uma página — uma mera relação de passos para você seguir em frente. Você não precisa ter o roteiro completo — mais tarde você vai acrescentar outras etapas, mas o que importa é que "pôs a máquina para funcionar".

***

As pessoas que de fato conseguem motivar sabem como criar o impulso.

A Fonte do Impulso

DINHEIRO: *"Se eu fizer isto, ganharei muito dinheiro e tudo ficará bem."*
... mas, para a maioria das pessoas, o dinheiro é apenas um fator "básico": se se sentem "razoavelmente recompensadas" e seguras, as perspectivas de modestas recompensas financeiras adicionais não as motivam muito.
Para outras, o dinheiro é a medida definitiva do sucesso.

PODER: *"Ter poder vai me permitir controlar outras pessoas ou o meu ambiente."*
A maioria das pessoas deseja ter poder sobre a própria vida. Para algumas pessoas, "poder suficiente" é "um modesto grau de influência".
Outras desejam mais poder e só param quando controlam por completo os seus relacionamentos, o seu grupo, o seu país ou o universo. Pessoas assim costumam acreditar que somente elas podem manter as coisas bem organizadas: "Se eu ceder o poder, o caos vai reinar." Elas podem alternativamente ver o poder como mera maneira de "marcar pontos".

SEXO: *"Conseguir isto vai me tornar mais atraente em termos sexuais."*
... mas precisamos nos resguardar de julgar erroneamente o que é capaz de excitar o nosso parceiro.

INVEJA: *"Desejo ter o que ele tem."*
... de modo mais construtivo: "Se ele é capaz de fazer isso, eu posso fazer melhor."

ORGULHO: *"Eles disseram que eu nunca iria conseguir — vou lhes mostrar!"*
... e então você consegue!

DEVER: *"Tenho de fazê-lo, porque sou um bom marido, uma boa mulher, um bom filho, uma boa filha, um bom empregado, um bom chefe, um bom amigo..."*
O dever é bom, mas pode ser um mecanismo de defesa (veja o Capítulo 10).

CRESCIMENTO, SUCESSO: *"Consegui! (E agora estou pronto para enfrentar outro desafio.)"*
... no território da motivação, nada como o sucesso para trazer mais sucesso.

ESPERANÇA: *Sem esperança, não há motivação.*

OUTROS FATORES DE MOTIVAÇÃO: *respeito, rivalidade com os irmãos, altruísmo, patriotismo, credo, etc.*

• 38 •

Com uma frase bem elaborada, Bob estraga o dia de Zadok.

Muitas coisas afetam a confiança — mesmo umas poucas palavras simples

5. Confiança

Em que Alex ajuda Rob a ter fé nas próprias capacidades e nele mesmo

Quando o Projeto Excalibur começou com força total, a equipe precisou com urgência de uma versão "rápida e sem elaboração" dos dados das reclamações dos clientes. Era papel de Rob a preparação disso, estruturando de acordo com quaisquer grupos que se pudessem formar a partir das informações já contidas no computador. Embora os outros membros da equipe pudessem dar início às suas partes do projeto, todos esperavam, em última análise, essa organização inicial dos dados a fim de dar mais foco aos próprios esforços. Kate, por exemplo, deveria entrevistar alguns dos clientes corporativos mais importantes dos produtos da empresa. Embora pudesse marcar as entrevistas, ela não podia preparar as perguntas detalhadas a fazer sem dispor de uma relação organizada das reclamações. Bill e Emma precisavam de orientações semelhantes para fazer um levantamento das reclamações mais freqüentes junto aos departamentos relevantes da empresa. E Jerry precisava de elementos que lhe permitissem avaliar as implicações financeiras que poderiam ter para a empresa os problemas aparentes com produtos e serviços. Desse modo, a equipe tinha urgente necessidade do trabalho de Rob, mas o progresso deste na semana anterior pareceu lento.

Alex julgou ser hora de fazer uma verificação. Procurou os registros anteriores de Rob e falou com o chefe de Rob antes de sua transferência para Projetos Especiais. Ao que parece, Rob tivera um bom desempenho no seu primeiro projeto na empresa, há vários anos. Depois, seu desempenho sofrera — lenta mas seguramente — um declínio. Alex não tinha certeza se devia verificar a atual lentidão de Rob nas horas de trabalho ou num ambiente menos formal. Escolheu uma solução intermediária, decidindo convidar Rob para um almoço rápido, durante o qual o rapaz poderia mostrar-se mais receptivo para falar sobre si mesmo.

"Então, Rob, como vão indo esses primeiros esforços de organização dos dados?"

"Quase no fim — dentro de mais uns dias deve estar pronto", foi a resposta conhecida de Rob.

"Mas você já disse isso dias atrás, Rob. Chegamos a um ponto em que o pessoal precisa dessas informações para não ficar se movendo em círculos."

Alex suspeitou de que faltava confiança a Rob, apesar de ele se mostrar exteriormente animado. Recordou-se dos recentes conselhos que Michael, seu mentor, lhe dera no encontro que tiveram na semana passada:

Mesmo que disponha de uma empolgante visão de sucesso, a pessoa cuja autoconfiança está baixa provavelmente nem estabelece desafios amplos nem "vai à luta" para enfrentá-los. E, nesse caso, não vai colher as energizantes recompensas do recebimento de elogios por um bom desempenho. O ciclo de VICTORY será rompido — de modo permanente.

Se está se empenhando em fazer que alguém aumente a autoconfiança, você precisa primeiro determinar o contexto correto: tentar criar confiança na pessoa e, ao mesmo tempo, mos-

trar a ela que se importa com a autoconfiança e o sucesso dela. Depois, tente cultivar essa confiança tal como cultiva um jardim: plante a confiança por meio da visão e da crença, afirmada de modo enfático, de que ela terá sucesso no empreendimento de que se ocupa; regue a confiança com elogios às partes da tarefa nas quais a pessoa se saiu bem e encoraje a pessoa a reconhecer os próprios esforços e a elogiar a si mesma; então ajude a pessoa a arrancar as ervas daninhas, os desestímulos advindos do seu diálogo interior negativo ou de outras pessoas. É possível aplicar esses princípios na construção tanto de sua própria confiança como da dos outros.

Alex perguntou a Rob que partes do trabalho tinham ido bem na semana passada e quais tinham problemas com relação aos quais Alex e o resto do pessoal poderiam ajudar. Tendo começado a firmar a confiança de Rob, Alex estendeu a discussão para perguntar a Rob, francamente, como tinham sido os dois anos anteriores dele na empresa. Por que o seu desempenho aparentemente tinha piorado em vez de progredir?

Alex veio a saber que Rob tinha pouca autoconfiança — em muitas áreas da sua vida. Sua transferência para os Projetos Especiais fora mais um golpe que o abalara.

"Rob, quero que examine este projeto como se fosse o melhor trabalho que você já fez. Vou ajudá-lo e sei que você é capaz disso — é por esse motivo que gostei da visão de você como o Mago Merlin. Você sabe que pode ser um mágico com os números. Agora, vamos ser práticos: diga-me o que você acha que correu bem nas últimas semanas e as áreas nas quais precisa da minha ajuda."

Rob não pôde se lembrar de muitas coisas que tivesse feito bem até aquele momento, e por isso Alex teve de lembrar-lhe alguns exemplos, do seu atual trabalho e do anterior.

"Acho que eu fiz um trabalho razoável nessas áreas", admitiu Rob hesitantemente

"Como você foi capaz de realizar todas essas outras tarefas, Rob, tenho certeza de que pode superar o atual problema relativo aos dados do Projeto Excalibur. Na verdade, sei que você tem condições de fazê-lo e *você* também sabe. Quero que você entregue os dados ao pessoal até amanhã no final do dia. E quando você tiver terminado, quero que acrescente isso ao seu estoque de lembranças construtoras de confiança!"

Rob julgou essa uma conversa um tanto estranha para se ter com o "chefe", mas começou de fato a ter mais confiança em si.

* * *

No seu relacionamento com Rob nas semanas seguintes, Alex continuou a se concentrar em firmar a autoconfiança do rapaz. Também sugeriu que Rob registrasse pessoalmente, a cada dado número de dias, as tarefas nas quais tivesse demonstrado um desempenho particularmente bom. Alex revia de vez em quando os registros e reforçava — quando era apropriado — as mensagens positivas.

* * *

Não aconteceu do dia para a noite, mas a confiança de Rob em si mesmo de fato aumentou — e, com ela, sua capacidade para tomar iniciativas.

Alex precisara fazer alguns investimentos nos primeiros estágios do Projeto Excalibur, mas valeu a pena sob muitos aspectos. Descobriu que Rob foi reexigindo cada vez menos atenção sua à medida que o projeto avançava, o que permitia a Alex concentrar-se mais em procurar emprego; ele se lembrara das principais lições relativas ao fortalecimento da confiança e ocasionalmente as empregava *consigo mesmo*; e, de certa forma, os membros da equipe acabaram apoiando-se uns aos outros e aumentando mutuamente a autoconfiança de cada um — de maneiras que Alex nunca tinha imaginado.

Como Promover a Confiança

"Con-fiança" vem da palavra latina que significa "com fé". Como construímos a confiança em nós mesmos — acreditar que podemos alcançar um resultado determinado, acreditar na possibilidade de nos tornar um dado tipo de pessoa? De que maneira promovemos a confiança de outra pessoa em si mesma? A confiança é um jardim que exige o plantio, a rega e a extração de ervas daninhas:

- **Plantar.** É este o plano no qual a Visão tem papel vital. O simples fato de termos tido a coragem de fazer germinarem as sementes da visão do sucesso costuma corresponder ao primeiro passo na promoção da confiança. A ousadia — nossa ou de outra pessoa — de ser *grandes* dá início à jornada. Crie a sua visão, e volte sempre a ela, a fim de promover e manter a confiança.

O mero ato de você aparecer fazendo as vezes de jardineiro (demonstrando assim que você dá importância à confiança da pessoa em si mesma) vai contribuir muito para promover a confiança.

- **Regar.** Nenhum jardim pode se desenvolver no vácuo. Todos precisam do tipo certo de fertilizante, de sol e de água suficientes. Não surpreende que a mais freqüente fonte de alimentação da nossa confiança é o *resultado positivo* recebido (de si mesmo ou de outra pessoa) como resultado de nossos esforços (veja o Capítulo 8). Assegure-se de conseguir (e de dar) a quantidade certa de resultado positivo! Descubra maneiras de reconhecer os seus próprios êxitos.

Lembre-se de fazer que o seu corpo e o seu espírito, tanto quanto a sua mente, estejam envolvidos. Mantenha-se em forma fisicamente; ouça música revigorante; dedique-se "seriamente" aos seus passatempos favoritos.

- **Arrancar ervas daninhas.** Os jardins da nossa confiança ficam facilmente tomados por ervas daninhas que se emaranham e por destruidoras pragas. Esses obstáculos à confiança assumem várias formas, como veremos adiante no livro (por ex., Capítulo 10, sobre a psicologia e os mecanismos de defesa; Capítulo 12, sobre o medo do sucesso). Conheça os seus próprios parasitas e expulse-os.

Confiança

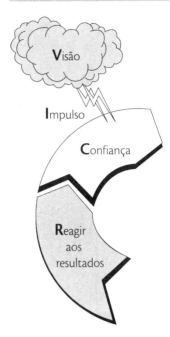

Cultive a confiança como se fosse um jardim

1. Plantar
- Volte periodicamente à sua visão.
- Embeleze-a quando necessário, a fim de reforçá-la.
- Lembre-se dos seus sucessos anteriores.

2. Regar
- Fale com pessoas que o elogiem por coisas bem-feitas.
- Reserve um tempo para reconhecer seus próprios sucessos.
- Promova a polinização de sua missão refletindo sobre sucessos obtidos em outras áreas de sua vida.
- Use o exercício físico, a música e outros fertilizantes para ajudá-lo a se sentir bem com relação a si mesmo.

3. Arrancar as ervas daninhas
- Catalogue as ervas daninhas e pragas com as quais você pode boicotar sua própria confiança; erradique essas pestes e esses impostores (por ex., conviver com gente que rebaixa você ou outras pessoas; a autodepreciação; ficar ocupado a ponto de não ter tempo para si mesmo — e, assim, sentir-se como a marionete de alguém).

Nota: quando estiver fazendo elogios estimulantes a outras pessoas, aborde os temas tratados no Capítulo 17.

> **Exercício**
> Transforme-se em jardineiro:
> - Identifique os hábitos (seus e alheios) para plantar, regar e arrancar ervas daninhas no tocante à confiança.
> - Brinque com essa metáfora em benefício próprio; que apetrechos de jardinagem você usa ou poderia usar? Você reserva tempo para sentir o perfume das rosas?

Enquanto Ned Belsky hesita, Neil Armstrong se torna o *primeiro* homem a pisar na Lua.

**Segure o momento,
não a incerteza**

6. Transcender a Hesitação

Em que Alex ajuda alguém a "ir à luta"

"Tio Alex, olhe para *mim*!" O sobrinho de seis anos de Alex, Jack, se equilibrava precariamente na beira da piscina. Seus braços giravam descoordenadamente, mas ele não tinha *nenhuma* intenção de se balançar demais e cair da estonteante altura de 1,80m acima da água da lateral da piscina.

"Muito inteligente", reconheceu Alex, com ar sarcástico, "mas já não era hora de você ter aprendido a *mergulhar*?"

"Eu sei mergulhar", foi a resposta imediata de Jack.

"Então vá em frente e me mostre."

"É preciso estar com um professor para mergulhar. Foi o que me disseram na escola."

Alex só vira a diretora da escola de Jack uma vez, quando representara os pais de Jack numa reunião escolar. Tendo tido por ela uma antipatia instantânea, ele agora resolveu conspirar com Jack para violar essa regra infundada. *Ele* mostraria a Jack como mergulhar na frente de todos.

Tomando a afirmação de Jack de saber mergulhar pelo blefe que sabia que era, Alex iniciou as aulas sem vacilar. Adotou a posição se-

· 47 ·

mi-acocorada — com os braços estendidos para a frente — em que os tios são programados geneticamente a ficar nessas ocasiões. Minutos mais tarde, quando Jack se mostrava claramente interessado em alguma coisa do outro lado da piscina, as pernas de Alex começaram a ficar cansadas e ele optou por outra abordagem.

Por algum motivo, o modelo simplista da VICTORY surgiu-lhe na mente. "Fico imaginando: e se eu trabalhasse numa piscina? Visão, confiança, transcender a hesitação... Vamos começar com um pouco de visão e um pouco de confiança, e repetir algumas vezes", pensou ele.

Alex sabia que Jack tinha a característica da família de gostar de violar regras — pelo menos, pequenas regras. "Vamos fazer o que o professor disse que não podemos fazer", aventurou-se ele. Não há nisso nada de uma visão estimulante, mas isso de fato atraiu a atenção de Jack.

Alex ensinou-lhe alguns preparativos. "Vamos ver quanta água você desloca simplesmente pulando... OPA! ... esses meninos estão deslocando *muita* água. Aposto que você pode fazer *ainda melhor...*"

A confiança de Jack parecia estar aumentando, ainda que ele não estivesse desenvolvendo sua capacidade de mergulhar.

"Muito bem, agora vamos *mergulhar.*" Essa transição para o objetivo principal não foi tão habilidosa quanto Alex pensara, e Jack foi apanhar sua arma aquática destruidora de mísseis Exocet, superturbo, verde e rosa fluorescente.

Ocorreu a Alex que ele deveria ter pensado num obstáculo adicional e potencialmente antiespetáculo: o fato de Jack não gostar de molhar a cabeça. Alex deu um jeito de ajudar Jack a se livrar dessa fobia específica. Era então hora de "ir à luta".

"Jack, qual é o seu animal favorito?"

"O leão Simba, de *Rei Leão* — e o seu?"

"O Super-Homem", respondeu Alex.

"Ele não é um animal; é um homem. Gosto de Simba porque ele ruge e pula de grandes alturas."

A resposta de Jack realimentou as esperanças de Alex. Eles ficaram de quatro e se tornaram leões. Rugiram cada vez mais alto e deram "tapas" cada vez mais fortes um no outro. De repente, Alex deu um rugido e mergulhou de cabeça na piscina.

De modo igualmente súbito, Jack enjoou da brincadeira. Com uma percepção infantil, achou que havia nela alguma coisa estranha. Foram necessários mais quinze minutos, mas no final Alex convenceu Jack de que ele *era* Simba. Ele podia rugir, podia saltar e podia... mergulhar. E funcionou. O menino mergulhou. Depois, com a atitude de casualidade que só encontramos em crianças, Jack passou os próximos cinco minutos praticando essa sua capacidade recém-descoberta como se sempre a tivesse possuído. Sempre que queria mergulhar, ele simplesmente se transformava em Simba e rugia. Ele tinha uma visão, tinha confiança e tinha algo que o impelia a agir — o rugido. Mas problemas se avizinhavam. "Tio Alex, você já mergulhou daquele lugar bem lá em cima?"

Alex olhou nervosamente por cima do ombro para o trampolim de 30 metros. "Muitas vezes", mentiu.

"Bom, então me mostre."

"Agora não, temos de ir."

"Só *uma* vez", pediu Jack.

"Tá bem, uma vez só", disse uma voz maldosa a alguns metros de distância. Alex se virou e viu Mark, nadador profissional, e cunhado dele.

"Sim, tio Alex, seja simplesmente Super-Homem, como você disse — basta gritar 'criptonita' e tudo vai dar certo." O visitante-surpresa franzia o cenho.

Com passos firmes e intestinos nem tanto, Alex caminhou na direção da escada que levava ao trampolim, verificou furtivamente se estava preso com firmeza à estrutura de concreto, e subiu. Viu-se então na extremidade. Só havia agora duas coisas capazes de salvá-lo de um recuo literal e embaraçosamente visível. Uma era a visão de um personagem de filme de touca mas inexistente. A outra era a frase que ele programara para vir à tona quando estivesse diante do perigo: "Seja *pelo menos* um pouco audacioso."

Durante a queda de trinta metros, Alex agradeceu a Deus por uma vida bem vivida e amaldiçoou a rapidez com que as crianças aprendem.

* * *

Mais tarde, enquanto se enxugava no vestiário, Alex refletiu que mesmo os adultos regridem — ao menos em parte — a um estágio infantil quando se vêem diante de desafios bastante assustadores. Nessas situações, ruminou, os desencadeadores de uma ação decisiva podem vir das coisas mais improváveis — de perfis visionários que a pessoa faz de si mesma, de frases pré-programadas ou mesmo de visitantes inesperados.

Transcenda a Hesitação

"Chega o momento. Aproveitamos a oportunidade. Comprometemo-nos com a ação, com todo impulso e energia. Nossa determinação não vê obstáculos. Desconsideramos os pessimistas. Vencemos obstáculos intransponíveis. Fazemos reverter forças irresistíveis. Alcançamos o sucesso. Recompensamos o nosso eu."

Ou: *"Vacilamos. Trapaceamos, fazemos uma tentativa, empreendemos uma ação sem o necessário vigor."*

Por que terminamos seguindo um desses cursos e não o outro? Por que os pensamentos que temos ao cair da noite evocam uma imagem anterior de sucesso, enquanto a manhã nos reduz à hesitação sóbria (ou vice-versa)? Por que paramos no último momento?

Todo este livro ajuda você a examinar e a resolver essas questões a partir de vários ângulos.* Neste particular, contudo, há três pontos que se deve ter em mente:

- **Preparação para o "mergulho".** Seja qual for o "mergulho" que você desejar secretamente dar, suas chances de sucesso aumentam astronomicamente se você tiver a) desenvolvido para si mesmo uma visão estimulante, b) obtido o apoio relevante de outras pessoas, e c) escolhido com sabedoria o momento certo de agir.

- **"O mergulho."** Neste ponto de onde não há retorno, uma voz tem de lhe falar — literalmente. A página seguinte oferece afirmações das quais você pode escolher uma ou mais e programar para que aflorem automaticamente em momentos de necessidade.

- **"Pós-mergulho".** Reflita sobre se o "mergulho" foi de fato tão assustador quanto você esperava. Talvez você possa vir a gostar da adrenalina que acompanha a iniciativa.

* * *

A Hesitação pode romper o ciclo de VICTORY. Evite-a a todo custo.

---

* Especialmente os Capítulos 3 (Visão), 5 (Confiança), 8 (Reagir aos Resultados), 12 (Medo do Sucesso), 16 (PNL), 20 (Mestre em Motivação).

Decida-se a Correr o Risco

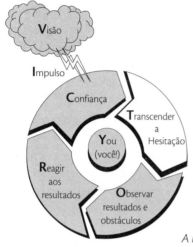

Seja pelo menos um pouco audacioso.
Alex

Quanto mais fracasso, mais sortudo eu sou!
Anônimo

Aprenda a fracassar melhor.
Samuel Beckett

Um bom julgamento é o resultado
da experiência.
E a experiência é o resultado de
um mau julgamento.
Walter Wriston, Presidente do Citicorp

A mente em si mesma é um universo, e por si só
Pode fazer do inferno um céu, do céu um inferno.
Milton

A agulha do velocímetro, o segundo fugaz e a oportunidade perdida —
eis as coisas que nunca podemos fazer voltar atrás.
Anônimo

"Vem, enche a Taça, e no Fulgor da Primavera
Deixe ir embora o frio Manto do Arrependimento!
O Pássaro do Tempo tem muito pouco espaço
Para voar — e não pára."
Omar Khayyam

Macbeth: E se fracassarmos?
Lady Macbeth: Teremos fracassado! Mas transforme a coragem num rochedo sólido e não falharemos.
Shakespeare

Exercício
Descubra seu antídoto anedótico à hesitação:
- Programe uma imagem ou frase que lhe ocorra automaticamente nos momentos de decisão.

7. Observar os Resultados e Encarar os Obstáculos como Oportunidades

Em que Alex tenta manter as coisas na perspectiva certa

Alex esquecera todas as suas aventuras bem-sucedidas na piscina ao chegar ao trabalho no dia seguinte. Houve relâmpagos durante a noite e a oscilação de tensão resultante fizera estragos nos dados armazenados no disco rígido da equipe. Todas as informações sobre as milhares de reclamações dos clientes foram apagadas.

O grupo estava assustado, e Alex também. Na realidade, a preocupação deles era causada mais pela incerteza sobre as implicações do acidente do que por saber sem nenhuma dúvida que o projeto iria ser um retumbante fracasso. Não obstante, era uma preocupação verdadeira.

Alex sentiu necessidade de receber conselhos, e conseguiu localizar Michael por telefone, "... então, que diabo você faz para manter as pessoas motivadas diante da tragédia?", perguntou ele.

"Napoleão fez toda a sua carreira usando tragédias para motivar as pessoas", brincou Michael, com uma incômoda tranquilidade. Mas continuou, de maneira mais útil: "Pois bem, Alex, eis algumas reflexões sobre obstáculos — e sobre 'resultados' de modo mais geral, em sua relação com o papel do líder e motivador.

· 53 ·

O professor Grimes inventou a perfeita pedra de tropeço, mas agora se vê preso em suas cruéis garras...

Reconheça os seus êxitos e lapide a sua confiança a partir deles; veja os contratempos como bênçãos a serem reveladas

"Em primeiro lugar, é realmente necessário que você adote a atitude segundo a qual *qualquer* obstáculo pode ser vencido. Mas, *além disso*, você precisa acreditar — porque é sempre verdade — que a criatividade que aplicar para contornar o obstáculo vai gerar idéias que permitirão dar continuidade ao projeto *de maneira ainda melhor* do que se você não tivesse encontrado o obstáculo!

"Você será forçado a examinar opções *sobre as quais já deveria ter pensado desde o início*, mas nas quais — por alguma razão — não pensou. Nesse sentido, os aparentes obstáculos são bênçãos disfarçadas — desde que você possa revelar esse disfarce. Por exemplo, enquanto trata do problema dos dados perdidos do computador, você deve se concentrar em descobrir iniciativas que lhe permitam, e ao grupo, chegar a um resultado melhor para o projeto *como um todo*. Quanto mais você acreditar de modo genuíno nisso, tanto melhores serão as iniciativas que vão surgir. Conceba todo e qualquer obstáculo como um mensageiro divino. Você pode optar por dar um tiro no mensageiro ou extrair o significado secreto da mensagem que ele traz.

"Essa atitude de 'serendipismo adquirido' é importante para a motivação pessoal do líder, bem como para a confiança e a motivação resultantes da equipe.

"Em segundo lugar, assegure-se de ver o aparente obstáculo de uma perspectiva vantajosa. Recupere o vínculo com as visões gerais que você desenvolveu para o projeto, para a missão e para os membros da equipe (incluindo você mesmo). O obstáculo que está diante de você é de fato uma montanha ou um formigueiro? Será que não é um sopé de montanha? O uso da perspectiva correta vai ajudá-lo a manter-se equilibrado e, em conseqüência, mais apto a produzir soluções criativas.

"Em terceiro lugar, reconheça o fato de que os melhores planos são planos maleáveis. Não fique se punindo por ter concebido um plano incapaz de fazer previsões perfeitas. Em vez disso, parabenize-se por reformular o plano a fim de tirar proveito do serendipismo.

"A propósito, Alex, há algo que eu deveria ter mencionado no mês passado quando discutíamos sobre visões e planos. Tenho visto que algumas pessoas desenvolvem planos estruturando-os de uma maneira que torna sobremodo difícil a sua alteração. Outras pessoas desenvolvem planos que são intrinsecamente mais flexíveis. Você pode aproveitar esta oportunidade para verificar seu plano em termos do projeto como um todo — o plano é ao mesmo tempo definido e maleável? Por último... falei de resultados que constituem *obstáculos*. Infelizmente, costumamos dar mais atenção aos obstáculos do que aos *sucessos*. Pode não ser relevante para você neste momento, mas não deixe de procurar coisas positivas que você, ou o grupo, estão realizando à medida que o progresso avança. E então distribua algumas felicitações! O sucesso traz mais sucesso. Os verdadeiros líderes são excelentes em promover o crescimento dos outros!"

Alex acabou de anotar os conselhos de Michael, agradeceu a ele e então começou a mastigar a ponta do lápis. Qual seria o seu próximo passo?

* * *

Para encurtar a história, Alex trabalhou com a equipe — particularmente com Rob (que estava encarregado dos dados então inexistentes) — usando as sugestões de Michael.

As coisas eram de fato tão ruins quanto pareciam à primeira vista. As informações tinham se transformado em cadeias erráticas de uns e zeros. Contudo, com alguma criatividade eles encontraram um modo de contornar o problema. Como Rob imprimira os dados em vários estágios na semana anterior, os dados *de fato* ainda existiam — mas só no papel. Em seu disfarce de mago Merlin, Rob refez os arquivos a partir das páginas, que alimentou através de um leitor ótico. Foi necessário um certo esforço para controlar o programa de leitura, mas valeu a pena. A equipe voltara a ter seus dados.

Alex apresentou ao grupo outro desafio, de modo que o pessoal sempre se lembrasse disto: de obstáculos nascem efetivamente oportunidades. De que forma poderiam eles usar a experiência que tinham tido *para melhorar os resultados gerais* do projeto?

Eles acabaram tendo algumas idéias. O pessoal queria garantir que os futuros comentários dos consumidores fossem captados e registrados com facilidade.

Por que não usar a idéia do leitor ótico para alimentar o computador com os dados sem digitação? Mas embora os leitores identificassem letras impressas, a maioria ainda não conseguia decifrar a caligrafia dos clientes. Por que não ampliar a idéia da leitura ótica — montar uma página na Internet na qual os clientes pudessem registrar diretamente seus comentários? Apareceram algumas outras idéias, que foram registradas para futura referência.

Eles também revisaram o plano geral do projeto, e alteraram a sua seqüência a fim de reduzir ao mínimo o impacto direto que possíveis "tragédias" numa dada área pudessem ter sobre outras.

Resultados e Obstáculos

O quarto passo do ciclo de VICTORY se relaciona com a observação dos possíveis Resultados das nossas iniciativas ou da nossa ação de "transcender a hesitação" e superar Obstáculos. Vamos concentrar-nos *nos próprios resultados e obstáculos* em vez de nas *maneiras pelas quais interpretamos o retorno que eles geram* (tema tratado no Capítulo 7).

Quais são os aspectos importantes dos Resultados e Obstáculos em sua relação com a motivação?

- **Restaure a ligação com a sua Visão.** Tal como é recomendável em todos os passos do ciclo de VICTORY, não pare de perguntar a si mesmo: "Qual a ligação entre este resultado e o evento e a visão de prazo mais amplo?"
- **Disponha de um plano e de um plano de retirada estratégica.** Ao dar forma à visão do *que* devia alcançar, você desenvolveu imagens de *como* progredir: o caminho para o sucesso. Você já deveria ter traduzido a sua imagem desse caminho para o sucesso num plano de ação. Para conseguir o máximo de valor motivacional dos seus resultados (seja qual for o grau de sucesso deles), assegure-se de saber em que parte do seu plano geral esses resultados se enquadram.
- **Ao revisar os seus planos, transforme-os em quebra-cabeças simples, e não em complexos cubos de Rubik.** Se os seus planos forem demasiado seqüenciais ("Faça A antes de B e B antes de C", como se procede para resolver os cubos de Rubik), você não estará dando a si mesmo muita flexibilidade. Se, contudo, os seus planos forem mais como um quebra-cabeça, o seu progresso poderá ser mais rápido. Você terá maior flexibilidade: poderá trabalhar em qualquer parte do plano em que faça mais sentido trabalhar num dado momento.
- **Desenvolva o serendipismo.** O serendipismo é a arte de se beneficiar com acontecimentos casuais. Os acontecimentos casuais não são, por definição, parte do plano de ninguém. Mas você pode planejar deixar um quarto preparado para a chegada de surpresa do hóspede, a Sorte.
- **Pense pequeno, e não apenas grande.** Cada cultura e cada época apresentam muitas versões do ditado: "Toda jornada começa com o primeiro passo."

* * *

· 58 ·

Aprenda a considerar os resultados positivos como passos rumo ao seu objetivo. Um dos fatores que trazem mais motivação é o próprio progresso que se faz. E considere cada contratempo como uma oportunidade para gerar um resultado melhor para a missão mais ampla.

Resultados, Obstáculos e Sorte

Um dervixe sufi que percorrera o deserto durante muitos anos chegou por fim a um oásis de civilização — um lugarejo chamado Colinas de Areia.

Buscando acomodações, mandaram que ele fosse à fazenda do abastado Shakir, cujo nome significa "aquele que louva o Senhor constantemente". As riquezas de Shakir eram maiores até mesmo do que as de seu vizinho, Haddad.

Tendo passado vários dias como hóspede, o dervixe partiu e, agradecendo ao anfitrião, adicionou: "Agradeça a Deus por estar bem de vida."

"Mas, dervixe", replicou Shakir, "não se deixe enganar pelas aparências, porque isto também passará."

Enquanto seguia viagem para terras distantes, o dervixe ficou intrigado com o significado dessa frase. Cinco anos depois, viu-se ele de volta a Colinas de Areia — mas a casa e a fazenda de Shakir tinham desaparecido. Os habitantes locais lhe indicaram a casa de Haddad, o vizinho. "O que aconteceu?", perguntou o dervixe a Shakir, que usava roupas humildes.

"Minha fazenda foi destruída pela inundação, mas a de Haddad não o foi. Haddad teve piedade de mim e agora sou seu empregado, mas isto também passará..."

Muitos quilômetros e vários anos depois, o dervixe voltou e encontrou Shakir, com roupas luxuosas, dando-lhe as boas-vindas na entrada da fazenda de Haddad. "Haddad morreu há anos e, como não tinha herdeiros, deixou suas propriedades para mim. Mas isto também passará..."

Um dia, o dervixe recebeu a notícia de que Shakir falecera. Voltando a Colinas de Areia para visitar o túmulo de Shakir, o dervixe encontrou na lápide uma inscrição com as palavras: "Isto também passará."

E foi assim que, tempos depois, o dervixe ganhou a competição que o rei tinha promovido. O rei queria algo que o deixasse triste quando estivesse alegre demais e que o deixasse alegre se ficasse triste.

O dervixe deu ao rei um anel no interior do qual estavam escritas as palavras: "Isto também passará."

Farid Ud-Din Attar (1136-1230)

Bob começou a imaginar se era possível manter a estratégia de que "as calças o protegem do retorno".

Acorde! Olhe, ouça, aprenda, interprete. Cancele o reforço negativo que vem do seu diálogo interior

8. Reagir aos Resultados

Em que Alex ajuda Kate a não boicotar a si mesma

Tendo entrado no seu segundo mês, o Projeto Excalibur caminhava bem. A equipe tinha identificado os principais tipos de problemas acerca dos quais os clientes reclamavam. Kate iniciara sua seqüência de entrevistas com os clientes mais importantes para ver de que modo poderiam ser resolvidos esses problemas.

Kate parecera o membro da equipe ideal para essa função. Extrovertida e animada, tinha um entusiasmo natural por corrigir as coisas. Entretanto, depois de uma semana de entrevistas, ela foi procurar Alex: "Acho que não agüento mais isso", começou. "Essas entrevistas são muito cansativas, e eu acho que estou criando mais problemas do que resolvendo." Alex ficou surpreso e pediu a Kate que lhe falasse um pouco mais das entrevistas.

"Eu sempre saio delas me sentindo muito deprimida. Eu sei que tenho de usar essas entrevistas para resolver os problemas dos clientes. Em vez disso, termino ficando sentada sem fazer nem dizer nada, enquanto o cliente não pára de se queixar. Eles deveriam me tratar com mais respeito, mas no final simplesmente dizem que precisam ir

· 61 ·

e a reunião acaba. E durante as entrevistas eu sempre esqueço de fazer as perguntas certas, mesmo tendo-as anotado de antemão..."

Alex pensou que sabia o que estava acontecendo, mas deixou que Kate continuasse, fazendo uma ou outra observação enquanto ela falava. Ele tinha conhecimento de que ela na verdade estava fazendo um excelente trabalho nas entrevistas. Ele vira as anotações que ela fizera depois das reuniões. E até recebera o telefonema de um dos clientes agradecendo à empresa por fazer o esforço de marcar uma visita pessoal (embora Alex tivesse se esquecido de mencioná-lo a Kate, reprovando-se agora por não tê-lo feito).

Kate se manteve com força total por mais cinco minutos, mas Alex acabou por interrompê-la. "Kate, para começar, quero que saiba que você está fazendo um excelente trabalho no tocante às entrevistas." Ele explicou que as anotações que ela fizera sobre as entrevistas eram muito úteis, e mencionou o telefonema que recebera do tal cliente. Ele sabia que ela provavelmente achava que ele apenas tentava acalmá-la. Por isso, Alex demonstrou de maneira palpável a natureza positiva do seu resultado, explicando-lhe que queria sem nenhuma dúvida que ela continuasse a fazer as entrevistas, pois ela as vinha conduzindo muito bem.

Então Alex olhou para o pedaço de papel em que anotara algumas coisas.

"Só há um problema com as entrevistas, Kate. *Não se trata de um problema relativo a elas mesmas. Trata-se de um problema com a maneira como você vê a sua capacidade para conduzi-las.* Você está fazendo a opção por ouvir e ver o resultado que você mesma e outras pessoas lhe dão de um modo que *boicota* a sua confiança, em vez de *reforçá-la.*

"*A ironia é que você faz um excelente trabalho, mas convence a si mesma de que faz um trabalho ruim. O problema é que, se você não a corrigir, essa ironia vai levar à tragédia.*"

Ele deu a seguinte explicação partindo do esboço do ciclo de VICTORY: nossa confiança (e, como resultado, a probabilidade de tomarmos outras medidas construtivas) depende mais da interpretação

· 62 ·

que damos às opiniões a respeito dos resultados dos nossos esforços do que dos *resultados em si*, ou das opiniões a respeito deles! "Mas como você muda o modo de interpretar os resultados?", perguntou Kate.

"Bem, em primeiro lugar, você precisa ter certeza de que de fato está recebendo um resultado — ou informação — suficiente acerca do 'ambiente'. Parece óbvio, mas é incrível como não fazemos isso. Tome o exemplo das suas entrevistas: você só estava respondendo ao seu próprio 'diálogo interior' — coisas que estava dizendo a si mesma. Se estava preocupada, você poderia ter me perguntado qual a avaliação que eu fazia das entrevistas. Isso poderia também ter me lembrado de mencionar o telefonema de agradecimento do cliente."

"Está bem, Alex; mas, supondo que eu esteja recebendo um resultado, como eu altero o meu modo de reagir a ele? Acho que esse era o ponto principal do que você dizia."

Alex continuou: "Você precisa ficar bem atenta ao seu diálogo interior (se necessário, reescrevendo os roteiros que você usa continuamente consigo mesma) e examinar as suas próprias crenças — os modelos de como você acha que o mundo é ou deve ser.

"Vamos ver alguns exemplos. Quando começou a explicar os problemas que estava tendo, você usou a palavra 'deve' doze vezes, 'tem de' seis vezes e 'sempre' quatro vezes.

"Quando disse 'Eu *sempre* esqueço de fazer as perguntas certas', você provavelmente estava sendo imprecisa. Estou seguro de que você fez as perguntas certas a maior parte do tempo. Dizer a si mesma que sempre faz alguma coisa mal e porcamente é uma generalização que vai acabar por destruir a sua confiança. Tente, pois, seguir um roteiro que envolva um diálogo consigo mesma mais positivo (e, provavelmente, mais preciso)."

Alex passou então a mostrar a Kate que todos temos crenças implícitas sobre como o mundo funciona. As crenças podem ter um cunho racional e levar a emoções "saudáveis", bem como as ações construtivas. Podem no entanto ser irracionais (em geral, baseados numa pletora de "deveria", "deve", "tem de" e "sempre"). As crenças irracionais tendem a produzir emoções doentias, como a ansiedade e a depressão, que por sua vez levam a ações ineficazes ou destrutivas, como maltratar os outros, maltratar a si mesmo e procrastinar. Alex tentou esclarecer mais a questão fazendo o esboço de um diagrama.*

"Kate, a partir do que estou vendo, você é um tanto perfeccionista. É claro que queremos que você faça o melhor trabalho possível. Mas, se você acredita que cada entrevista que faz tem de ser absolutamente perfeita, então fico preocupado com a possibilidade de você se desapontar tanto consigo mesma a ponto de perder a confiança e a concentração e comece a estragar tudo.

"Seja como for, pense um pouco nisso, e diga-me se gostaria que eu a acompanhasse na próxima entrevista."

Kate percebeu que não podia esperar *resolver* muitos problemas dos clientes durante as entrevistas, e estabeleceu para si mesma o objetivo mais alcançável de *compreender* as queixas dos clientes da maneira mais integral possível. A próxima entrevista que ela fez correu bem e ela não precisou aceitar o oferecimento de Alex para acompanhá-la. Ela se esqueceu de felicitar a si mesma (mas, na vez seguinte, se lembrou).

---

* Esse diagrama está reproduzido na página 66.

Como Reagir aos Resultados

Reagir aos resultados é a ação que completa o ciclo de motivação de VICTORY e repõe o nosso suprimento de confiança.

O resultado é a fonte primordial do nosso aprendizado, do nosso desenvolvimento e da nossa motivação. Ele faz que permaneçamos no curso enquanto capitaneamos o navio de nós mesmos. É surpreendente o fato de muitas pessoas o desencorajarem, o evitarem, o desinterpretarem e o ignorarem — conscientemente ou por meio de estratégias mais sutis. Contudo, vamos supor que nós, outras pessoas ou o ambiente estejamos fornecendo a nós mesmos informações (resultado) acerca de algo que estamos fazendo ou que terminamos de fazer;* concentremo-nos na interpretação e na reação a esse resultado.

- **Fomente o seu apetite pelas coisas agridoces.** As pessoas bem-sucedidas usam a doçura dos resultados positivos para aumentar diretamente sua confiança e motivação. Mas elas também aprenderam a degustar os frutos mais amargos dos resultados advindos dos seus esforços *menos bem-sucedidos* a fim de aprimorar as suas capacidades.
- **Mude o roteiro do seu diálogo interior.** "Por que eu sou tão estúpido?" não é uma afirmação que as pessoas bem-sucedidas apliquem a si mesmas. Mas elas podem aplicar as afirmações: "Que fatores me levaram a essa decisão? Que outro modo de ação posso seguir na próxima semana?" Estamos aqui diante de uma questão ampla e cheia de sutilezas, cujos aspectos principais estão resumidos na página seguinte.
- **Mude o foco de suas crenças.** As crenças são as lentes através das quais vemos o mundo. Assegure-se de que elas não produzam distorções (veja a página seguinte).
- **Faça elogios a si mesmo.** Qual foi a última vez que você recompensou (ou mesmo reconheceu [ou mesmo reconheceu explicitamente]) algum sucesso que você conseguiu?

---

* Para ajuda em termos de solicitar e de fornecer resultados, ver Landsberg, *The Tao of Coaching*, pp. 10-15 e 20-5.

Diálogo Interior e Crenças

Diálogo interior — é preciso evitar três armadilhas quando se tenta desenvolver automaticamente diálogos mais saudáveis consigo mesmo:

Armadilha	Descrição	Exemplo
Generalizar	Dizer a si mesmo, de modo sutil, que você tem uma característica negativa intrínseca.	"Vivo me esquecendo de tudo."
Irracionalizar	Tirar conclusões que os fatos não sustentam necessariamente.	"Como o meu chefe não elogiou o meu trabalho, devo ter omitido alguma coisa."
Transpor	Usar sentimentos negativos de uma dada área da sua vida para infectar outras áreas.	"Como não escrevo bem, não vou me sair bem ao falar em público."

Crenças: Trata-se das lentes através das quais vemos o mundo. Crenças "racionais" dão origem a emoções saudáveis e a ações construtivas. Crenças "irracionais" levam a ações destrutivas. Essas idéias foram retiradas da Terapia do Comportamento Emotivo Racional de Ellis.

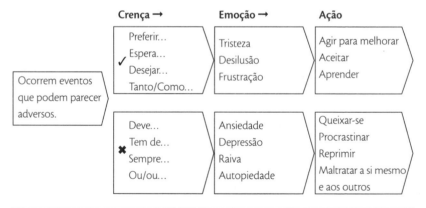

Por exemplo: "*Tenho sempre* de ser respeitado; o fato de alguém me desmerecer é uma coisa *terrível* e *muito desagradável*: tenho de me esconder (ou de atacar a pessoa)."

Exercício
- Use o Apêndice D para examinar o seu diálogo interior e as suas crenças.

9. You (Você!)

Enquanto ia de carro para o trabalho no dia seguinte, Alex sentia que agora tocava o Projeto Excalibur com suficiente impulso. Kate fazia mais progressos nas entrevistas com os clientes; Rob estava começando a analisar os dados, e os outros membros da equipe estavam mantendo discussões ativas com as divisões encarregadas da produção e do desenvolvimento de produtos.

Alex chegou à escrivaninha. Enquanto mexia na pasta, duas "bolachas" de bar apareceram. Traziam as pérolas de sabedoria que Michael concebera havia alguns meses. Alex contemplou o desenho que Michael fizera do modelo de VICTORY, e surpreendeu-se um pouco com o fato de parecer ter adotado essa maneira de pensar sobre a motivação quase como uma segunda natureza.

Apenas uma coisa o incomodava — ele não conseguia se lembrar de que Michael tivesse dito alguma coisa acerca do "Y" final no cartaz. Ele se lembrava de que o "Y" representava "You (você)", mas isso fora tudo o que Michael dissera.

Talvez isso fosse apropriado, pensou Alex. Afinal, cabe a cada um de nós definir o que quer ser. E boa parte daquilo que somos é de-

Colin hesitou, tomado por uma necessidade intensa de contemplar o significado da vida e a natureza do eu.

Estimule impulsos viscerais a fim de transformar positivamente a si mesmo

terminado pelo grau até o qual — e pela direção *na* qual — estamos motivados por nós mesmos e pelos outros.

A agenda de Alex para aquele dia estava demasiado cheia para lhe permitir filosofar. Mas uma afirmação de Nietzsche aflorou irrestrita em sua memória: "*Temos a felicidade que decidimos ter.*" Alex imaginou que isso ocorria porque temos a *motivação* que decidimos ter.

Alex examinou a agenda e resolveu adiar outros pensamentos para depois da palestra noturna sobre psicologia, na qual se inscrevera com relutância. Essa relutância decorria da sua incerteza — partilhada por muitos dos seus colegas executivos — sobre se a psicologia tinha alguma relevância para o mundo dos negócios. Ele alimentava a esperança de que uma "Apresentação Geral" do assunto mostrasse que o seu ceticismo a respeito não tinha fundamento.

You/Você

No âmago do ciclo de VICTORY está um "*You* (você)". Trata-se da pessoa a quem você está motivando — você mesmo, um amigo, um colega. É claro que esse "*You*" é definido, caracterizado e criado por muitas coisas. Porém, os elementos do ciclo de VICTORY a que se fez referência em capítulos anteriores desempenham um papel particularmente importante. As visões que temos para nós mesmos, os nossos níveis de confiança, etc., em certos aspectos definem quem somos e o que somos.

Talvez seja mais importante do que a simples soma desses elementos a força das ligações entre eles: são muitas as visões que jamais chegamos a concretizar; ainda que o impulso costume estar presente, este está cercado por obstáculos, criando ansiedade. Isso faz que a capacidade de motivação implique ajudar alguém a **ver, criar e fortalecer os vínculos entre os passos**. Ajudar alguém a criar uma visão do seu futuro sucesso é bom; porém estimular a pessoa a vincular essa sua visão a algum impulso mais profundo tem mais probabilidade de levar à ação. Ajudar alguém a se sentir mais confiante é bom, mas apoiar — ou impelir — a pessoa a se lançar de fato à ação é ainda melhor.

* * *

O grande artista não se limita a pintar com virtuosismo árvores, rios e pessoas. Ele dispõe igualmente de uma maneira de ligar esses elementos entre si, que constitui o seu **estilo**.

Do mesmo modo, o grande motivador não se restringe a tratar de temas como a visão e a confiança de modo independente. Ele também ajuda a pessoa a quem está motivando a desenvolver ou a aprimorar seu estilo individual; ele faz isso ajudando-a a integrar esses elementos de um modo coerente.

A Essência do Ciclo de VICTORY

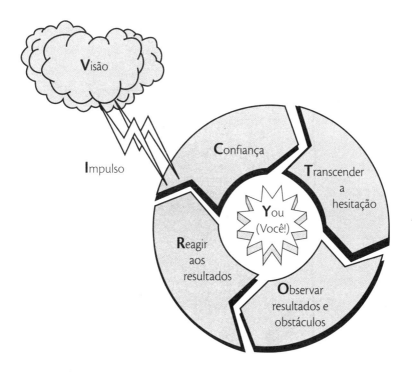

A ambição de Fang, de ser o Campeão dos Cães Pastores de Ovelhas, foi frustrada pelo seu profundo desconhecimento da psicologia das ovelhas.

> Conhece-te a ti mesmo —
> e aos outros também...

10. Psicologia Essencial

Uma síntese mastigada de cem anos de pensamento
sobre o que leva as pessoas a se mobilizarem

Alex entrou na sala da palestra. Ele retardou a entrada o suficiente para poder ficar escondido entre os colegas lá no fundo da sala, mas sem se demorar demais e ser forçado a se sentar na frente.

Ele se interessara ao ouvir falar dessa apresentação dos elementos essenciais da psicologia e julgou que ela se harmonizava com o seu novo interesse pela motivação.

Ele se inscrevera por meio do departamento de Recursos Humanos e, agora, esperava ouvir o que a doutora Bea Kaplan — eminente psicóloga e conselheira da empresa — tinha a oferecer.

* * *

Mais tarde, no final da palestra, ele julgara as palavras dela tão interessantes que levou consigo um exemplar do esboço de dez páginas da palestra:

Princípios Essenciais de Psicologia para Leigos
Dra. Bea Kaplan, MA, MD

A psicologia é o estudo daquilo que faz as pessoas se mobilizarem. Dentre todas as carreiras, a de dirigente empresarial ou líder requer a maior compreensão desse tópico. Os dirigentes empresariais vêem-se permanentemente cercados por muitas pessoas dotadas das mais diversas personalidades, pessoas com as quais os dirigentes em geral não escolheram necessariamente privar. E o dirigente tem de trabalhar com essas pessoas numa gama excepcionalmente variada de maneiras: dirigir, aconselhar, pedir, dizer, incitar a agir, socializar, treinar, parabenizar, motivar.

Este artigo tem, pois, por objetivo ajudá-lo a compreender os elementos essenciais da atual compreensão da psicologia, para tornar-se capaz de motivar outras pessoas e trabalhar com elas de modo mais eficaz. Ele apresenta em primeiro lugar o corpo de crenças comum à maioria das escolas de psicologia; em segundo, as diferentes ênfases dadas por certas escolas (como as de Freud e de Jung) na sua contribuição ao desenvolvimento da psicologia; e, em terceiro, aborda as teorias mais influentes da motivação, primordialmente na sua aplicação ao local de trabalho. O artigo tem por conclusão uma explicação mais detalhada de dois tópicos: a hierarquia das necessidades, de Maslow, e os mecanismos de defesa.

Elementos consensuais entre os psicólogos

Os psicólogos da maioria das escolas aceitam consensualmente os cinco princípios essenciais a seguir.

1. As ações falam mais alto do que as palavras. Nossas personalidades são caracterizadas e desveladas pelos modos como reagimos a situações específicas ("estímulos") ou pelas maneiras como tomamos iniciativas quando absortos em vários ambientes. É raro termos um tal grau de autopercepção que nos permita descrever com precisão a nossa personalidade — para nós mesmos ou para outras pessoas — apenas com palavras.

2. O sofrimento das compensações. Ao decidir que ações tomar, fazemos compensações. Pretendemos gratificar nossos impulsos, mas evitamos criar demasiados problemas para nós mesmos. De modo mais específico:

- Essas nossas *ações* se enquadram em duas categorias: costumam ser ou atos de criação ou atos de destruição, podendo cada tipo de ação ser dirigida ao nosso interior (a nós mesmos) ou ao exterior (a outras pessoas ou coisas). Trata-se de atos que podem ser tanto "ativos" como "passivos", costumando nos aproximar ou afastar mais de uma pessoa ou coisa — veja o Painel 1.

- Os *impulsos* que promovem essas ações advêm do nosso desejo de fazer que nós mesmos ou outras pessoas se assemelhem mais à imagem que temos de nós mesmos ou delas. Na maioria das pessoas, essas ações vêm de desejos de ser a) imortal, b) irresistivelmente encantadora, e/ou c) onipotente em termos de influência. Esses desejos se traduzem em impulsos e ações graças ao trabalho das forças do amor (= libido → criação) ou do ódio (= mortido → destruição). Ver Painel 2.

- Quando nos empenhamos em *evitar problemas* para nós mesmos, agradam-nos resultados que aumentem a segurança e o prazer e que reduzam a ansiedade e o sofrimento. Em algumas ocasiões, a atenção que damos a esses fatores tem caráter consciente. Outras vezes, esses fatores agem por meio do nosso inconsciente, recorrendo a mecanismos de defesa como a negação, a repressão ou a racionalização imprópria (ver adiante).

3. Regressão em condições de *stress*. Diante de situações suficientemente desgastantes, tendemos a recair em comportamentos que nos ajudaram a levar a vida no passado (ou regredimos a eles). No caso extremo, acabamos por agir como crianças. A capacidade para suportar níveis de *stress* antes de regredir (em maior ou menor grau) varia de pessoa para pessoa.

Painel 1

TIPOS DE AÇÕES QUE REALIZAMOS			
Nossas ações são criativas ou destrutivas, dirigidas para dentro ou para fora, ativas ou passivas			
		Dirigidas para dentro	Dirigidas para fora
Criativas		Adquirir uma nova aptidão; autolouvor	Ajudar outras pessoas; fazer coisas
		Aceitar a ajuda dos outros	*Deixar que as crianças explorem*
Destrutivas		Maltratar a si mesmo	Ridicularizar outras pessoas
		Ficar fora de forma	*Deixar que alguém escorregue*
			Em itálico = exemplos de atos passivos

Painel 2

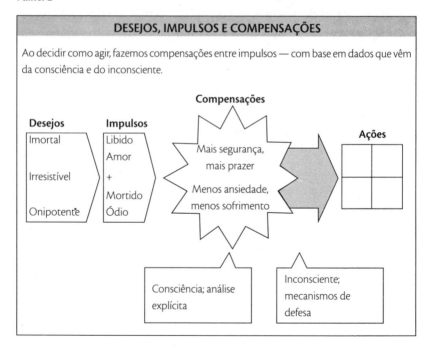

4. O crescimento como ação automática *versus* o crescimento como mudança. À medida que crescemos — e que passamos por situações novas ou aparentemente familiares —, reconhecemos padrões, "entregando-nos" aos nossos modos de reagir e de decidir. Esses hábitos arraigados, automáticos, fazem que economizemos tempo e energia. Idealmente, no entanto, também mantemos a mente aberta de modo a poder aprender novas maneiras de interagir com os nossos ambientes.

5. A Trindade Holística. Nossa mente, nosso corpo e nosso espírito estão vinculados holisticamente. A saúde psicológica (mental) tem íntimas conexões com a saúde física e espiritual.

Diferenças entre várias escolas

Embora a maioria das escolas de psicologia (já as da Grécia antiga) concorde com os princípios acima estabelecidos, há áreas nas quais sua ênfase difere — muitas vezes radicalmente.

Algumas escolas acentuam a importância da consciência, ao passo que outras se concentram no inconsciente. Umas destacam o impacto aparentemente indelével das experiências da infância, acreditando outras que o nosso desenvolvimento é distribuído mais regularmente ao longo da vida. Talvez a área em que haja mais diferença seja o método de ajudar as pessoas a mudar (sejam essas pessoas relativamente "normais" ou necessitadas de um aconselhamento ou de um tratamento mais substancial). Algumas escolas, como a de Freud, enfatizam a análise profunda das experiências da infância, ao passo que outras trabalham com o adulto "na sua condição atual".

1. Sigmund Freud (1856-1939). Foi a figura que mais contribuiu para moldar os últimos cem anos da psicologia. Ele terminou por atribuir particular importância ao *inconsciente*. Na sua concepção, o inconsciente abriga experiências reprimidas ou esquecidas que, não obstante, determinam muitos aspectos do nosso comportamento. Ele tentou penetrar no inconsciente com a técnica, que criou, da *psicanálise*, técnica essa que se apoiava insistentemente na *livre as-*

sociação. Ele também deu relevo (talvez em excesso) à importância do impulso sexual (*libido*).

Seu modelo da estrutura da personalidade resistiu — em várias versões — à prova do tempo:

• o *Id* representa todos os impulsos instintivos. Primitivo, biologicamente determinado, é impulsivo e opera de acordo com o *Princípio do Prazer* (obter o prazer, evitar o sofrimento). Os impulsos não-realizados criam tensões que, no final, precisam ser liberadas por meio da ação ou da fantasia. O *Id* fica na parte inconsciente da mente.

• o *Ego* está a cavaleiro entre a consciência e o inconsciente. Ele age de acordo com o *Princípio da Realidade*, reconhecendo as restrições do mundo exterior e retardando até um momento apropriado nossas ações tendentes a realizar os impulsos. O *Ego* age como o "gerente do eu".

• o *Superego* age em parte na consciência, porém, em larga medida, no inconsciente. Ele representa o nosso modelo do comportamento "correto" (o *ideal do ego*) e tenta interromper as nossas ações "impróprias" ao dar voz à "consciência moral". Quando o *Superego* fracassa neste último papel, sentimos *culpa* — pessoas com *Superegos* fortes sentem mais culpa do que outras.

Freud acreditava que essas três partes da personalidade estavam quase totalmente formadas por volta dos seis anos (época na qual já tínhamos passado pelos estágios *oral, anal* e *fálico* de Freud). Nossa tarefa como adultos consiste em reconhecer o modo como somos talhados e entrar num acordo com isso, se necessário, usando *mecanismos de defesa* saudáveis (ver adiante).

2. Carl Jung (1875-1961). Terminou por romper sua associação com Freud por sentir que este acentuava em demasia as pulsões sexuais e o papel dos sentimentos *reprimidos*.

Painel 3

PRINCIPAIS ESCOLAS DE PSICOLOGIA
(a começar pelas raízes da árvore)

Humanistas. Carl Rogers (1902-87) e outros. Tratamento empático, holístico dos problemas atuais da pessoa. *Terapia Centrada no Cliente, grupo T* Fritz Pearl: *Terapia da Gestalt* Eric Berne: *Análise Transacional*

Existencialistas. Victor Frankel, R. D. Laing e outros. Os pacientes estão em busca de *sentido* diante de dúvidas, de ansiedades e da morte certa.

Abraham Maslow (1908-70). O homem é essencialmente bom. Motivação voltada para a *auto-realização*.

Erik Erikson (1902-94). *Desenvolvimento por toda a vida* a partir da infância; problemas específicos a resolver a cada estágio.

Anna Freud (1895-1982). *Mecanismos de defesa*; o indivíduo como autônomo e o ego como passível de ser fortalecido.

Carl Jung (1875-1961). O *inconsciente*; *arquétipos; introversão/extroversão*; sonhos.

Terapia Cognitiva (final da década de 1950). A pessoa como um ser consciente, em vez de à mercê do inconsciente e do mundo: *Terapia Cognitiva do Comportamento*, de Beck. *Terapia Emotiva Racional*, de Ellis. *Terapia da Construção Pessoal*, de Kelly.

Heinz Kohut. A persistência no adulto da necessidade de idealizar os pais (e de ser reconhecido por eles).

Escola das Relações com o Objeto. D. W. Winnicott e outros. Foco no relacionamento entre a pessoa e os *objetos externos* (e as outras pessoas).

Comportamentalistas. Ivan Pavlov (1849-1936), B. F. Skinner (1904-90). O comportamento — não a motivação nem o inconsciente — é a chave; as pessoas são sujeitos operantes que podem ser *condicionados* e dessensibilizados.

Jean Piaget (1896-1980). Abordagem observacional, científica do desenvolvimento da criança.

Alfred Adler (1870-1937). Tratar o indivíduo como totalidade; importância das interações sociais e societais; tem-se de arcar desde a infância com o *complexo de inferioridade*.

Sigmund Freud (1856-1939). Fundador da psicologia moderna — ver o texto para obter detalhes.

Final de 1700. Disseminação da idéia segundo a qual os loucos podiam ser curados. Estudos nos campos do mesmerismo, do hipnotismo, da frenologia e da autópsia do cérebro.

Antigos Gregos — Hipócrates (desequilíbrio mental causado por influência física em vez da divina). **Aristóteles** (o papel do cérebro na condensação dos vapores quentes do coração).

· 79 ·

Jung achava que a personalidade se compõe de três sistemas em interação: a *consciência, o inconsciente pessoal e o inconsciente coletivo*. A mente consciente experimenta o mundo por meio de uma combinação de *sensação, intuição, sentimento e pensamento*. O inconsciente pesssoal é semelhante à versão freudiana do inconsciente, ainda que Jung julgasse que o inconsciente pessoal tem sobre nós uma influência mais benigna e tivesse acentuado o papel dos *sonhos* no acesso a ele. O inconsciente coletivo é o receptáculo dos *arquétipos* (como Deus, o Herói, a Fada Mãe), que influenciam os nossos pensamentos e ações. Todos trazem em si uma galeria semelhante dessas imagens, que se acham de alguma maneira incorporadas psiquicamente na mente de todos nós, seja qual for o tipo de criação que tivermos recebido.

Os quatro aspectos da mente consciente propostos por Jung, associados com o trabalho que ele realizou em termos de *introversão* e *extroversão*, se refletem em muitos instrumentos de elaboração de perfis psicológicos hoje usados — como é o caso do Indicador de Tipo Meyers-Briggs.*

3. Outras escolas. Freud e Jung assentaram as bases da psicologia como ciência. Eles a apartaram das experiências com o hipnotismo barato de meados do século XIX e a vincularam a pesquisas científicas do cérebro físico.

Seus contemporâneos e seguidores imediatos dedicaram-se a outros campos complementares da ciência — tendo Anna Freud aprimorado a teoria dos mecanismos de defesa e Jean Piaget se concentrado na psicologia da criança, etc. (ver Painel 3).

Desenvolvimentos subseqüentes em psicologia refletiram estreitamente as mudanças mais amplas por que passava o Ocidente. Com a alvorada do século XX e o florescimento da Revolução In-

---

* Ver as páginas 92 e 160.

dustrial, a própria mente veio a ser crescentemente considerada uma máquina que se podia ajustar e condicionar: o *comportamentalismo* viu dias de glória. Em parte como reação a isso, a metade do século XX viu surgir Carl Rogers e a escola *humanista*. A ênfase é aí a compreensão genuína e empática do indivíduo. As décadas seguintes viram uma proliferação de escolas, que diferem entre si, em termos primordiais, na maneira como buscam tornar a pessoa mais "saudável".

Teorias da Motivação

O mundo corporativo é o ambiente no qual foram feitos mais estudos acerca da motivação, desde que o novo conceito de linha de produção (1896) de Henry Ford nos transportou para o século XX. Com o constante aumento do número de pessoas trabalhando numa cooperação mais estreita, em grupos de maior magnitude, dedicando-se a tarefas que se prestavam mais a comparações, chegara o momento de se examinar cientificamente de que maneira se podia motivar as pessoas a atingir metas corporativas.

De início, os **comportamentalistas** dominaram a cena por inteiro, tendo os pilares da obra de **Pavlov** e **Skinner** sido transplantados para o ambiente do trabalho. Passou-se a recompensar, em vez de frustrar, as pessoas. Ao receber mais recompensas, o trabalhador podia ser motivado a ter um melhor desempenho.

Em parte como reação a essas proposições notoriamente simples, **Edward Tolman** e outros psicólogos **cognitivistas** vieram a ocupar o lugar dos comportamentalistas. Era crença sua que somos primordialmente racionais, podemos escolher metas e modificar de modo consciente o nosso próprio comportamento. A obra de **Tolman** deu origem à teoria das **expectativas** na década de 1930: somos motivados por expectativas conscientes sobre o que vai acontecer se fizermos certas coisas específicas. (**V. H. Vroom** mais tarde tentou quantificar essas forças motivadoras, alegando nos anos de 1960 que a potência de cada uma delas era igual à valência — ou capacidade de atração — do resultado multiplicada pela probabilidade atribuída à real ocorrência desse resultado.)

Frederick Taylor combinou as abordagens comportamentalista e cognitivista, inclinando-se, provavelmente, mais para aquela. Seu artigo de 1947 sobre *Os Princípios da Administração Científica* causou furor no âmbito das grandes organizações monolíticas que haviam surgido no período. "Tomemos 15 homens particularmente habilidosos ... estudemos a seqüência precisa de operações elementares e de uso de implementos... usando um cronômetro, identifiquemos a maneira mais rápida de realizar cada etapa do trabalho..."

Contudo, os teóricos cognitivistas estavam em ascensão. Por volta do final da década de 1940, as exortações de **Douglas McGregor** no sentido de que se empregasse a **Teoria Y**, em vez da Teoria X, iam obtendo adesões. (Teoria X: a maioria das pessoas tem um desagrado intrínseco pelo trabalho; logo, é preciso controlá-las e coagi-las para que dêem sua contribuição às metas da organização; a maioria das pessoas gosta de ser dirigida, tem pouca ambição e pouco desejo de responsabilidade. Teoria Y: o trabalho e o esforço mental têm a mesma naturalidade do divertimento; o homem se dirige a si mesmo e exerce o autocontrole caso esteja comprometido com os objetivos da organização; esse compromisso depende da variedade de recompensas associadas com o trabalho; nesse ambiente, a pessoa na verdade busca assumir certas responsabilidades; a maioria das pessoas tem um grande potencial de inovação, mas este costuma permanecer inexplorado.)

O trabalho de **Elton Mayo** na fábrica americana **Hawthorne** nos anos de 1930 foi recordado nessa época: a produtividade é mais afetada por pressões sociais, incentivos do grupo e pelo fato de que alguém faz que os trabalhadores se sintam importantes — e menos pela duração dos intervalos para o café e por outros elementos da "administração científica" de Taylor.

A década de 1940 testemunhou a famosa contribuição que deu **Abraham Maslow** no tocante às necessidades humanas (ver adiante), e os anos de 1960 e 1970 adotaram os conceitos de **Frederick Herzberg**. Ele avaliou o grau relativamente alto de rotatividade do pessoal em certas corporações, tendo cunhado o conceito de "satisfação no trabalho" (a necessidade de se favorecer as necessidades mais imateriais dos empregados em termos de realização, reconhecimento e "autorealização"). Ele também ajudou a identificar a existência de "fatores básicos" — necessidades que têm de ser atendidas em algum nível essencial, mas que não propendem a produzir maiores esforços, mesmo que as recompensas relevantes sejam concedidas em doses mais elevadas. Herzberg acreditava que, na maioria dos casos, o único fator básico era o **salário**.

As décadas seguintes reviram a motivação das pessoas de maneira mais decisiva do ponto de vista da estratégia e da estrutura da organização. Grandes contribuições foram dadas pela descentralização de **Alfred P. Sloan** (elaborada em 1963 depois de ele ter passado vinte e três anos como dirigente máximo da maior empresa do mundo) e por *A Busca da Excelência*, de **Tom Peters** e **Bob Waterman**.

Os psicólogos desenvolveram muitos esquemas e modelos no último século. Os Painéis 4 e 5 resumem dois dos mais úteis.

Maslow afirmou que todos estão motivados a satisfazer cinco necessidades essenciais, ilustradas na página seguinte. Essas necessidades se acham relacionadas umas com as outras numa **hierarquia**, sendo as necessidades físicas as mais fortes. A necessidade mais forte que fique não satisfeita tende a monopolizar a nossa energia e os nossos esforços imediatos. O homem, contudo, deseja perpetuamente: satisfeita uma necessidade, a próxima necessidade da escala hierárquica requer a nossa atenção. E a crença de que uma dada necessidade jamais será satisfeita cria ansiedade e comportamentos inadaptados.

Painel 4

Painel 5

MECANISMOS DE DEFESA

Defesa	Exemplo
Negação	"Eu não fui demitido" (quando na verdade foi)
Repressão	"Foi ótimo o meu encontro com ela" (quando de fato não foi)
Projeção	"Ele me odeia" (quando efetivamente *você o* odeia)
Deslocamento	"Por que você cria tantas dificuldades?" (quando a dificuldade vem de terceiros)
Sublimação	"Adoro tocar violino" (mas Roma está em chamas)
Regressão	"Não me magoe, sou apenas uma criança indefesa" (vindo de um adulto)
Racionalização	"Tive de bater em você porque havia uma mosca em seu rosto" (!)
Formação de reação	"Não é um tigre, é um gatinho" (mas na verdade *é* um tigre)
Altruísmo	"Serei um samaritano" (pois assim poderei ignorar meus próprios problemas)
Humor	"Aquela brincadeira cruel à minha custa foi bem divertida" (foi mesmo?)

Anna e Sigmund Freud desenvolveram a noção de **mecanismos de defesa**, que usamos para nos proteger de ansiedades dolorosas. Essas ansiedades podem decorrer de ameaças externas ou de conflitos internos entre impulsos ou crenças. O recurso continuado a esses mecanismos é considerado não-saudável. Você foi avisado!

* * *

Na nossa busca de como motivar a nós mesmos e aos outros, a maioria das abordagens mencionadas tem algum brinde a nos oferecer. A nossa própria psicologia individual é que vai claramente determinar que teorias consideramos pessoalmente mais atraentes e aplicáveis!

"Dois Princípios regem a Natureza Humana:
O Amor-próprio apressa; a Razão refreia."
Alexander Pope (1688-1744)

Karl e Herman eram excelentes domadores de leões, mas suas motivações diferiam. Karl deliciava-se em excitar a multidão, ao passo que Herman tinha principalmente o profundo desejo de não ser devorado.

Cada pessoa exibe o seu conjunto específico de fatores de motivação

11. Tipos de Personalidade

Em que Alex se vê diante das rebuscadas
teceduras das vidas

"Obrigado por essa introdução à psicologia", disse Alex, aproximando-se de Bea ao final da palestra. "Você tem tempo para responder a uma rápida pergunta? Você falou das pessoas como se fossem todas iguais. Mencionou que os usos dos mecanismos de defesa podem variar de pessoa para pessoa — mas com certeza haverá um sistema mais preciso para definir diferentes tipos de personalidade, não é?"

"Lamento que não haja uma fórmula mágica. Por que a pergunta?"

Alex explicou que, tendo se interessado pela motivação, ficara a imaginar se o conhecimento do "tipo" da pessoa não o ajudaria a saber com mais rapidez como motivá-la.

"Tal como ocorreu com a análise de quase todos os aspectos da vida humana, os gregos antigos estabeleceram os fundamentos nessa área. Hipócrates julgava que cada pessoa traz em si uma combinação diferente daquilo que denominava 'humores'. Algumas pessoas eram mais melancólicas, outras mais fleumáticas, enquanto outras eram mais sangüíneas ou coléricas.

"Essa classificação não ajudava muito a estabelecer a maneira pela qual diferentes tipos de pessoas tendiam a se relacionar uns com os outros — e com o mundo —, mas ao menos era um começo.

"Jung, que mencionei na minha palestra, fez o primeiro real progresso. Sua obra cunhou os termos, hoje familiares, 'introvertido' e 'extrovertido'. Então..."

Alex interrompeu: "Desculpe-me, mas como essa distinção entre introvertido e extrovertido nos ajuda na vida cotidiana e na motivação, em oposição à clínica?"

"As pessoas que consideramos 'introvertidas' preferem dirigir suas energias 'interiormente' para algumas áreas de sua vida (não necessariamente *todas*). Quando comparadas com as 'extrovertidas', elas preferem idéias e conceitos a pessoas e coisas; preferem a concentração à interação; elas costumam privilegiar a reflexão sobre a ação; tendem a pensar-fazer-pensar, em vez de fazer-pensar-fazer. Isso tem sentido?"

"Acho que sim", refletiu Alex. Rob e Kate lhe tinham vindo à mente. Rob sempre trabalhara com computadores e modelos matemáticos, e parecia preferir vir com a resposta absolutamente correta antes de submetê-la à discussão com outras pessoas. Kate, por sua vez, que sempre se envolvera em esportes coletivos, dava preferência a discutir as coisas até o fim com outras pessoas quando resolvia problemas. Rob sempre julgara que Kate era incapaz de descobrir "a resposta" por si mesma; ao passo que Kate julgava que ele tinha dificuldade para se relacionar com as pessoas — mas talvez a diferença entre eles estivesse antes em seus estilos preferenciais do que em suas capacidades.

"E como isso afeta as maneiras pelas quais os introvertidos se motivam, quando comparados com os extrovertidos?", prosseguiu Alex.

"Em primeiro lugar", respondeu Bea, "em termos das *coisas com relação às quais eles gostariam de ser motivados*. Acho que você pode imaginar as diferentes espécies de desafio que cada tipo prefere enfrentar. Em segundo lugar, em termos dos *fatores motivadores básicos*, não conheço nenhuma pesquisa que vincule a dimensão introvertido/extrovertido com coisas como a vontade de ter dinheiro ou de ter influência. Em terceiro, contudo, há sem nenhuma dúvida diferenças na *maneira pela qual você poderia ajudar* esses diferentes tipos de pessoas a ficar motivados."

"Há?", perguntou Alex.

"Sim. Você perguntou durante a minha palestra sobre o ciclo de VICTORY. É evidente que você sabe algo sobre motivar pessoas. Ora, alguém que dê preferência à abordagem introvertida provavelmente vai ser mais capaz de primeiro compreender o ciclo de VICTORY como conceito para então aplicá-lo. Em contrapartida, um tipo extrovertido provavelmente vai preferir fazer experiências, consigo e com outras pessoas, de algumas sugestões simples e ver então, mais tarde, a teoria como um todo.

"Se você pegar outro exemplo da diferença entre as pessoas, as implicações em termos de motivação poderão ser ainda mais claras. Há quem prefira ser altamente organizado, cheio de planos e regulamentos. Outros preferem ser mais flexíveis, espontâneos e 'seguir a corrente'. Com os primeiros, você provavelmente vai querer ter um plano explícito acerca de como eles vão se motivar. O último tipo de pessoa provavelmente desistiria logo se você tentasse esse mesmo tipo de abordagem com ele."

Duas pessoas ocorreram a Alex. Seu ex-patrão planejava ainda mais do que ele mesmo. Era impossível excitá-lo com respeito à aquisição de uma empresa, a não ser promovendo uma reunião com uma pauta claramente estabelecida (e rigidamente seguida). A esposa de Alex, Sarah, por outro lado, preferia uma abordagem mais flexível do que a de Alex, costumando incitá-lo a ser mais espontâneo. Para Sarah, havia muito mais excitação na perspectiva de umas férias de última hora do que na comparação entre prospectos de viagens meses — ou mesmo semanas — antes das férias.

Bea continuou: "Essa questão dos 'tipos' de personalidade é muito ampla. Deixe comigo seu cartão e eu vou lhe enviar um breve resumo dos esquemas que parecem mais úteis. Alguns deles funcionam melhor se você estiver tentando promover o trabalho em equipe, enquanto outros são melhores quando se tenta resolver conflitos. Mas sei que você vai achar que vale a pena tê-los em mente."*

Alex agradeceu a Bea por responder às suas perguntas e uniu-se ao pessoal no bar. Ele não conseguiu evitar ficar tentando distinguir quem era introvertido de quem era extrovertido, bem como identificar os tipos dados ao planejamento e os tipos espontâneos.

---

* Ver exemplos no fim deste capítulo.

Como Definir os Diferentes Tipos de Personalidade

Motivar alguém requer a interação com a pessoa. Essa interação significa que precisamos compreendê-la — saber qual o seu tipo de personalidade.

Enquadrar qualquer coisa em categorias pode ser perigosamente simplista, ou rico em ensinamentos e utilidade. Isso se aplica em especial quando o que se tem de caracterizar possui a complexidade de uma pessoa.

É muito comum que cataloguemos as pessoas em "dinâmicas", "preguiçosas", "inspiradoras", "ponderadas". Essas descrições simples raramente descrevem a essência da pessoa e, em conseqüência, quase nunca nos ajudam a trabalhar com elas, ou a motivá-las.

Têm surgido ao longo dos milênios vários esquemas destinados a "compreender" a personalidade das pessoas. A página seguinte apresenta as abordagens mais importantes.

Advertência

Cuidado ao usar perfis de personalidades. Eles de modo geral avaliam a maneira pela qual a pessoa *prefere* agir ou interagir com os outros. Esses perfis não correspondem necessariamente ao modo como a pessoa de fato se comporta, nem à sua *capacidade* ou *potencial* para usar ou desenvolver um estilo específico.

Taxionomias de Tipos de Personalidade

1. **O Indicador de Tipo Meyers-Briggs** define dezesseis tipos de personalidade com base na direção que a pessoa dá à sua energia (Extrovertido *versus* Introvertido), naquilo a que dão atenção (Sensação *versus* Intuição), em como tomam decisões (Pensamento *versus* Sentimento) e em sua orientação com respeito ao mundo exterior (Julgamento *versus* Percepção). O Apêndice E oferece mais informações.

		Sensação		Intuição	
		Pensamento	Sentimento	Sentimento	Pensamento
Introvertido:	Julgamento				
	Percepção				
Extrovertido:	Percepção				
	Julgamento				

2. **O Indicador de Domínio Cerebral de Herrmann** oferece uma representação, de maneira visualmente atrativa, das preferências de uso dos quatro quadrantes do cérebro.

3. **A abordagem de Belbin** se concentra nos papéis no grupo, propondo nove tipos básicos: Mais Arguto, Avaliador Monitor, Trabalhador Grupal, Implementador, Completador, Especialista, Retraído, Investigador de Recursos, Coordenador.

4. **Hipócrates (c. 460-370 a.C.)** foi um dos primeiros a analisar tipos de personalidade, tendo-se baseado na combinação individual dos quatro "humores".

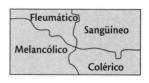

12. Medo do Sucesso e Outras Razões para não Estar Motivado

Em que Alex conhece elementos do motim e da auto-sabotagem

O Projeto Excalibur tinha agora seis semanas de vida. Apesar de uns poucos problemas iniciais, estava indo bem... preocupadoramente bem. Com efeito, estava correndo o risco de se tornar o maior sucesso.

A equipe identificara os tipos de reclamações de clientes que se apresentavam mais vezes, descobrira alguns problemas de produção que tinham gerado os defeitos nos produtos e começara a calcular os custos e benefícios financeiros da implementação de medidas corretivas.

A busca de emprego de Alex também ia bem. Ele falara com alguns velhos amigos e ex-colegas e chegara até a receber telefonemas inesperados de "caçadores" de talentos. Alguns cargos pareciam estimulantes, ainda que Alex tivesse julgado que algumas tarefas pudessem ser demais para ele.

O telefone tocou. Era Bea. "Que surpresa agradável!", respondeu Alex. "Mais uma vez, obrigado pela palestra sobre psicologia da semana passada. Foi muito útil."

"Isso é alguma brincadeira? Eu *adoro* ficar aqui!"

Cancele o "diálogo interior" negativo e as ilusões

Bea perguntou se ele podia dispor de alguns minutos. Ela estava no prédio; havia acabado de sair de uma sessão de estimulação pessoal com um dos seus clientes na empresa. Minutos depois, estava no escritório de Alex.

"Achei que você poderia precisar de alguma ajuda. Imagino que o projeto não esteja indo muito bem."

"De onde você tirou essa idéia?", perguntou Alex, surpreso.

"Bem, eu estava no refeitório, lá embaixo, e ouvi a conversa de algumas pessoas que acho que trabalham com você — Projeto Excavador, não é?"

"Excalibur", corrigiu Alex.

"Exatamente. Ora, o pessoal não parecia estar de humor muito positivo ao discutir o projeto com outras pessoas na hora do almoço. Não davam a impressão de estar conseguindo muito sucesso."

Alex explicou que, na verdade, o projeto estava indo de vento em popa; o progresso que fazia ultrapassava todas as expectativas. Seu olhar de surpresa se transformou num ar intrigado.

Bea pensou por um minuto. "Talvez eles estejam começando a ter medo do sucesso", murmurou ela em voz audível.

"Medo do *fracasso*, você quer dizer."

Bea reiterou que falara de medo do *sucesso* e começou a retirar de Alex a expressão de estupefação com uma breve explicação.

"Em primeiro lugar, pensemos no medo do fracasso que você mencionou. É preciso ter muito cuidado ao usar essa expressão, pois ela tem dois significados diametralmente opostos. Um deles é: '*Tenho medo de ser um fracasso na vida e, por isso, é melhor me empenhar em alcançar a excelência.*' Esse é o medo que mobiliza e motiva, às vezes em demasia. O outro significado é: '*Estou com medo de fracassar se tentar realizar essa tarefa específica, e por isso é melhor nem tentar.*' Trata-se do medo que impede as pessoas de tomar iniciativas. Ele nos desmotiva em grande grau."

"Mas o medo do *sucesso* é diferente. É mais ou menos assim: 'Do jeito que as coisas vão, corro o risco de ter sucesso. Mas não sei se vou

· 95 ·

gostar de ter sucesso; por isso é melhor desacelerar um pouco. Assim, não terei de fazer o esforço de me ajustar ao sucesso."

Alex se moveu inquieto na cadeira. Embora a afirmação de Bea parecesse implausível, ele julgava ter percebido um ou outro sintoma em si mesmo. "Mas por que as pessoas se sentiriam incomodadas com o sucesso em alguma área de sua vida ou na vida em geral?", perguntou ele.

"Razões é que não faltam", continuou ela. "O que você pensa de: *'Não mereço o sucesso, porque alguém ou algum evento me convenceu de que eu não sou digno dele"; ou 'Se tiver sucesso, a partir de então eu só poderei ir para baixo, e eu não gosto de ir para baixo'; ou 'Se tiver sucesso, terei mais dificuldades para manter a minha reputação — mergulharei num vórtice'.* Subconscientemente, uma das minhas clientes chegava até a dizer: *'Eu não quero ter sucesso em melhorar o meu relacionamento conjugal porque, nesse caso, não haveria desculpa para ele continuar a ser infiel a mim — seria a prova de que ele não me ama'."*

Alex estava captando a mensagem. Mas que relação tinha isso com a sua equipe? Bea sabia que o grupo costumava ter o apelido de Quinteto Desafinado. Ela sugeriu que eles poderiam estar tendo dificuldades para se descartar por completo de sua velha identidade desagradável, de baixo nível e de baixa realização.

"Mas, como se corrige esse tipo de problema?", continuou Alex.

"Durante a palestra que fiz na semana passada, você mencionou o modelo de VICTORY. Todo o antídoto para o 'medo do sucesso' está nesse modelo. Você já sabe a resposta. Tudo se resume a reescrever os roteiros para os diálogos que entabulamos no nosso íntimo. Fale com a equipe, descubra o que o pessoal está sentindo. Você poderá precisar convencê-los de que ter sucesso é bom! Tente algo na linha de 'Abaixo o antigo, viva o novo!' Afinal, só faltam um ou dois meses para o Ano Novo."

"Devo admitir que eu mesmo tenho um pouco de medo", disse Alex. "Estou em busca de um novo emprego. Há alguns cargos bastante interessantes em vista", continuou ele, "mas não tenho muita certeza de estar à altura deles."

Bea o encarou ceticamente. "Medo do sucesso ou só falta de confiança?", perguntou ela maldosamente.

"Um pouco de cada?", conjeturou ele. "Mas e quanto a você, você alguma vez teve medo do sucesso?", continuou ele.

"Nunca!", replicou Bea. "Bem..., às vezes", confessou ela com um sorriso..

Medo do Sucesso e Medo do Fracasso

Os medos são impulsos poderosos que podem levar-nos a realizar surpreendentes façanhas, mas que também podem nos impedir até mesmo de *tentar* alcançar outras metas. Por exemplo, o medo de que possamos "fracassar no jogo da vida" pode nos levar a reunir as nossas capacidades e alcançar a excelência. Mas o medo de que possamos "fracassar se tentarmos nos transformar" pode nos inibir a ponto de nem sequer tentarmos realizar o corriqueiro. Se pretendemos motivar a nós mesmos ou a outras pessoas, precisamos nos acautelar da força inibidora do medo.

O gosto do medo inibidor tem dois sabores:

• **Medo do fracasso.** Em geral, conhecemos bem esse sabor. Por vezes, temos medo de falar diante de uma grande platéia, de esquiar velozmente colina abaixo, assumir novos desafios. O nosso medo é o de que sejamos criticados ou ridicularizados — por outras pessoas ou por nós mesmos — caso fracassemos.

• **Medo do sucesso.** Este sabor é mais sutil, mais paradoxal. É comum não nos darmos conta da sua presença. Porém, bem no íntimo de si mesmas, as pessoas com freqüência temem ter sucesso *demais*. Justificado pelo diálogo interior desestimulante como "Estou muito bem do jeito que estou", nos convencemos de que simplesmente não merecemos alcançar o sucesso ou que o manto do sucesso não vai caber em nós ou não vai nos deixar à vontade.

* * *

Enfrente os seus temores e se torne o seu mestre benevolente! Procure — ou dê — encorajamento. Veja outra vez o Apêndice D, página 158.

Medo do Sucesso e Medo do Fracasso

Medo do Fracasso

"É melhor não tentar, porque, se eu fracassar, vão me julgar estúpido."
"Se fracassar, eu vou me julgar estúpido."
"Tentei antes e não deu certo."

Medo do Sucesso

"Não mereço ter sucesso (porque alguma coisa ou alguém me convenceu de que não tenho valor)."
"Não quero alcançar o sucesso porque estou bem com a maneira como as coisas vão."
"Não quero ser bem-sucedido porque não vou gostar do novo estilo de vida que o sucesso vai implicar."
"Não quero ter êxito porque as pessoas vão ficar me observando e serei obrigado a ser 'especial'."
"Se for bem-sucedido, não terei mais a simpatia das pessoas."
"Posso me viciar no sucesso e ter de fazer o tempo todo cada vez mais esforços."
"Parece tão simples que só pode haver alguma coisa errada."
"A partir daqui, é só descer. Já não me restam esperanças."

Andy era louco por novas tecnologias.

Cenouras são mais persuasivas do que varas

13. Destruindo a Motivação

Em que o serendipismo ajuda
Alex a fazer uma descoberta fortuita

Voltando para casa para o fim de semana, Alex só pretendia fazer uma rápida visita a um sebo. Ele procurava um exemplar de *Construa o Caramanchão do seu Jardim*, de que precisava para sua próxima tentativa de melhoria da casa.

Porém, aquela loja lhe proporcionou coisas demais em que fuçar (como era dado a se perder em "fuçações", Alex, por exemplo, evitara todo contato com a Internet. Ele sabia que toda aventura no ciberespaço resultaria num cartaz a seu respeito: "Desaparecido, provavelmente morto").

Sua guarda estava baixa enquanto ele vasculhava as prateleiras... e seu olhar deu com um exemplar bem gasto de *Despersonalização e Desmotivação — Manual da Polícia Secreta de Montevidéu.**

Curioso, Alex deu uma olhada no Sumário e leu umas poucas páginas. Quanto mais lia, mais franzia o cenho e ficava intrigado. Ali não havia apenas técnicas cruéis e grotescas, como elas eram também bas-

---

* Ver as páginas seguintes.

tante conhecidas de qualquer pessoa que já tivesse passado algum tempo numa grande organização...

Enquanto acrescentava o livro à sua pilha de compras iminentes, ele relembrou várias pessoas com quem trabalhara ao longo dos anos: a sua melhor secretária — que se demitira inesperadamente; o candidato notável que ele tentara anos atrás contratar para o seu departamento — que inexplicavelmente tinha recusado o emprego; os seus colegas na escola de administração — que pareceram excluí-lo de todas as atividades sociais por alguns meses. Poderiam esses eventos ter tido *alguma* relação com o fato de as pessoas o considerarem ou não motivador? Mas é claro que não!

Alex pagou os livros e foi para casa.

| TRECHO |

Despersonalização e Desmotivação

Técnicas da Polícia Secreta de Montevidéu

SUMÁRIO

	Página
Introdução	ii
1. Encarceramento Físico	1
2. Desorientação	5
3. Como Destruir a Força de Vontade	9
4. Como Causar Dor	15
5. Confinamento Solitário	23
6. Falsas Esperanças	35
7. Interrogatório	38
8. Policial Bom, Policial Ruim	43
9. Privação de Sono	53
10. Deixar com Fome	59
Apêndices	62
Glossário	68
Tabela de Diagramas	74
Índice	80

TRECHO

CAPÍTULO 3: COMO DESTRUIR A FORÇA DE VONTADE

É importante destruir irrecuperavelmente a força de vontade do elemento. Pode-se conseguir isso usando os cinco passos a seguir, que estão explicados mais detalhadamente em páginas ulteriores:

1. Abalar todas as expectativas e esperanças de fuga, de libertação, de fornecimento de alimento, de alívio da dor, etc.
   • Desorientar (por exemplo, alterar imprevisivelmente o ambiente do prisioneiro [cela, formato da cela, horário das refeições, etc.])
   • Punir (por exemplo, reagir imediata e severamente a toda tentativa de fuga e de personalização do ambiente)

2. Destruir a Autoconfiança
   • Degradar (por exemplo, forçar a realizar atividades humilhantes)
   • Punir (por exemplo, aplicar choques quando o prisioneiro não puder se desincumbir de tarefas impossivelmente difíceis)
   • Deprimir (por exemplo, acompanhar todas as ações de destruição da confiança com um crescente aumento de intensidade)

3. Eliminar toda e qualquer possibilidade de ação voluntária
   • (Nota: trata-se de um passo importante, pois o elemento poderá ir aumentando a auto-estima por meio da realização bem-sucedida de tarefas, mesmo ínfimas, que ele tenha decidido realizar)
   • Ver capítulo específico

4. Bombardear com mensagens negativas
   • Ridicularizar (em especial diante de outras pessoas)
   • Mentir (por exemplo, dizer ao prisioneiro que a sua saúde está se aproximando do colapso)
   • Privar de todo estímulo sensório (ver "Confinamento Solitário")

5. Destroçar sistematicamente a auto-imagem do elemento
   • Chocar (por exemplo, mostrar-lhe fotos ou outras provas do declínio de sua condição)
   • Sufocar (por exemplo, usar de modo imprevisível diferentes estratégias que atinjam diferentes aspectos do prisioneiro — físico, emocional, espiritual, etc.)
   • Modelo negativo (por exemplo, mostrar de que maneira outras pessoas na sua condição foram destruídas)

14. O Efeito Dominó

Em que Alex sofre as repercussões em cadeia de eventos negativos

Tudo começou quando ele, acidentalmente, deu com o martelo no dedo. Foi na manhã de sábado, no jardim, quando Alex estava dando os últimos retoques no seu caramanchão. Atiçado por sua própria incapacidade de usar adequadamente o martelo, Alex bateu com ele no pórtico da estrutura recém-construída. O pórtico desabou, seguido rapidamente pelo resto do caramanchão. "Não sou lá muito bom em melhorias prediais" — concluiu Alex.

Ele procurou rapidamente refúgio dentro de casa. "Oi, tio Alex." Eram seus sobrinhos Jack e David, que faziam uma visita-surpresa com os pais. O real objetivo da visita acabou ficando claro: obter a ajuda de Alex na tarefa de casa de matemática de David.

A prova de matemática exigida confundira David e, depois, deixara o seu pai fora do ar: "Hoje em dia, pedem a adolescentes para resolver esses problemas?" Porém tudo ia dar certo porque tio Alex sabia tudo de matemática.

Não é preciso dizer que Alex de modo algum conseguiu arrancar suas capacidades matemáticas de alguma parte pouco usada de sua

Só o sargento Karanec saberá dizer por que estava usando grandes sapatos de palhaço naquele dia fatídico...

Não se deixe apanhar por reações de negatividade em cadeia

memória. "Pelo visto, já não sou tão bom em matemática", desculpou-se um Alex arrasado com um David desapontado.

As coisas foram de mal a pior quando Alex teve uma discussão com Sarah na noite seguinte. Começou com alguma bobagem, chegou perigosamente perto da questão do caramanchão e terminou com a conclusão de que Alex era um Mau Marido. No dia seguinte, indo para o escritório, com dor nas costas por causa da cama nada aconchegante do quarto de hóspedes, Alex catalogou os títulos que recebera recentemente: Mau Marido, Mau Matemático e — o que era ainda mais frustrante — Mau Melhorador de Imóveis. Consolando-se com a crença segundo a qual as coisas ruins só vêm em trio de vez em quando, ele não viu o súbito e indefectível ciclista. Ele estava prestes a se tornar também, oficialmente, um Mau Motorista.

Como Reverter o Efeito Dominó

A maioria de nós conhece o efeito dominó. Uma sensação de fracasso ou de insatisfação no trabalho pode ter repercussões em casa, ou vice-versa. Inclua a saúde, os bens e a sabedoria como ingredientes possíveis e o potencial do efeito dominó aumenta exponencialmente.

Mas algumas pessoas parecem manter-se firmes, ainda que estejam passando por algum evento traumático num aspecto de sua vida. Como isso é possível? Enquanto nos mantemos, ou mantemos outras pessoas, motivados, há duas coisas que podemos fazer com respeito ao efeito dominó ou com ele.

• **Mantenha separados diferentes tipos de dominós.** Metaforicamente, você põe tipos diferentes de questões em caixas separadas e os aborda separadamente. Dessa maneira, os problemas têm menos condições de interferir uns nos outros. Claro que há um perigo em usar essa estratégia por longos períodos de tempo: pode simplesmente ocorrer de todas as diferentes áreas de sua vida estarem tentando lhe transmitir as mesmas mensagens importantes! "Dividindo para governar", você pode acabar por reprimir uma importante mensagem vinda de você mesmo.

• **Faça o efeito dominó agir ao contrário.** Se alguma área da sua vida vai bem, por que não tentar transmitir o vírus da confiança e da motivação para outras áreas? Você é provavelmente a melhor pessoa para descobrir como usar essa estratégia em si mesmo.

* * *

Ainda que não exista um antídoto pronto para o efeito dominó, você pode ajudar a promover em larga escala a motivação, sua e dos outros, simplesmente desmascarando-lhe a presença e tomando consciência dele.

Como os Bons e os Maus Sentimentos se Influenciam Mutuamente

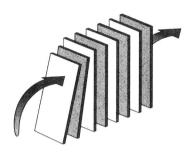

Efeito dominó normal: sentimentos negativos ligados a uma área da vida (dominós brancos) podem criar sentimentos negativos em outras áreas (dominós sombreados). A "infecção" normalmente opera tratando a "confiança" como algo indivisível e estabelecendo subconscientemente roteiros negativos para nós mesmos.

Segregação: se estiver tendo problemas, tente separar os diferentes tipos de dominó para evitar a "infecção". Então você poderá concentrar os seus esforços em tratar separadamente cada tipo de questão. Reveja o Capítulo 5 (Confiança) e 8 (Reagir aos Resultados).

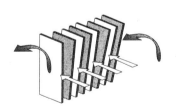

Efeito dominó revertido: se as coisas começam a ir bem, recombine os dominós para obter o máximo de benefícios.

Exercício

- Identifique a sua propensão a ser afetado pelo efeito dominó e veja se consegue segregar os seus dominós ou reverter o processo.

Os "sabidinhos" lá de cima podem não ter respeitado a experiência de Carruthers, mas ele sabia onde estava a chave de força...

**Respeite os mais velhos...
e os mais novos**

15. A Geração Pós-Guerra Encontra a Geração X

Em que Alex tem uma teoria, mas não pode prová-la

Alex chegou escaldado ao escritório, mas não seriamente abalado. Para a sua felicidade, o acidente na estrada não fora grave: só o metal se danificara, mas não a pessoa.

Isso foi bom, porque ele precisava resolver um conflito, que estava aumentando, entre Bill e Emma. A equipe fizera um razoável progresso na parte inicial do Projeto Excalibur. Com a descoberta de alguns dos problemas de produção que tinham causado reclamações dos clientes, Bill e Emma tinham ido contatar os departamentos da empresa envolvidos. Seu objetivo era verificar as hipóteses acerca do que estava errado e persuadir os gerentes de produção a resolver os problemas.

Embora Alex, no final, tivesse eliminado da equipe o "medo do sucesso", o progresso estava diminuindo. E eles tinham poucas semanas para acabar o projeto. Nas fábricas a que Bill fora, os gerentes pareciam ter aceito o conceito geral do projeto, mas Bill não estava conseguindo levá-los a aceitar melhorias específicas em seus processos de produção.

Em contrapartida, nos departamentos a cargo de Emma, algumas idéias de valor muito grande tinham surgido. Mas ninguém parecia saber se haveria mais oportunidades, e os gerentes não pareciam compreender a lógica geral do projeto.

Era como se Bill tivesse usado uma abordagem "de cima para baixo", começando com os assuntos gerais e passando então (com lentidão demasiada) às idéias específicas de melhoria dos processos de produção. E parecia que Emma usara a abordagem oposta, lançando algumas idéias muito específicas e então passando (mas sem ir longe o bastante) ao quadro mais amplo.

Seja qual for a razão dessa diferença de abordagem, agora isso constituía um problema. Quando começavam a resumir os resultados obtidos, Bill e Emma estavam se irritando cada vez mais um com o outro. Bill queria resumi-los de uma dada maneira, e Emma defendia outra. Bill queria incluir na apresentação mais elementos do contexto básico, enquanto Emma queria ir direto às idéias mais valiosas.

"Talvez a diferença de abordagem se relacione com a diferença de idade", pensou Alex. "Afinal, Emma tem só 25 anos e Bill, 45."

* * *

Alex foi conversar com eles. Ao ir vê-los separadamente, ele se espantou com as diferenças no ambiente de seus escritórios. O navegador de Internet de Emma cumprimentava cibernautas de passagem; a maleta desgastada de Bill ficava aberta em sua mesa. As gravuras modernas de Emma contrastavam grandemente com as fotos da família de Bill. A estante dela trazia títulos como *Alcance o Sucesso Clicando — o Guia do Controle da Internet pela Mulher*; esses títulos, naturalmente, não quereriam ter intimidade com o livro tão desgastado de Bill *A Aposentadoria Não é Tão Difícil Quanto se Pensa*.

Alex passou quinze minutos com Emma e um período semelhante com Bill. Para progredir rapidamente na resolução do problema entre eles, ele se atreveu a formular uma hipótese e simplificar. "Bem", pensou Alex, "aqui, provavelmente, idade é de fato um fator." A experiência maior de Bill no mundo corporativo lhe ensinara o va-

· 112 ·

lor de fazer que todos os atores apropriados — como os gerentes de produção — tivessem uma idéia geral do projeto. Assim, Bill acha que haverá menos interrupções na hora de pôr em prática essas idéias. Por outro lado, a exuberância juvenil de Emma pode encorajá-la a se atrever mais, e possivelmente defender idéias e abordagens que Bill (certa ou erradamente) consideraria impertinentes.

"Mas será de fato uma questão de suas *idades atuais* ou da *época em que nasceram e foram criados*?"

Por exemplo, a Geração X, nascida nos anos de 1970, cresceu num mundo em que as oportunidades eram tantas, tão variadas e tão fugidias que teve de "clicar para sobreviver". Clicar não só nos *laptop*, mas clicar virtualmente em qualquer coisa.

A Geração do Pós-Guerra (nascida no final dos anos de 1940 e no começo dos de 1950) foi produto de uma adolescência diferente. Ainda que pudessem acompanhar o tempo e adquirir a *capacidade* para clicar, bem poucos membros seus quereriam mudar a ponto de adotar uma *atitude* completamente clicante.

* * *

"Bem que eu queria ter pensado nisso antes", disse Alex a si mesmo. "Eu por certo teria estruturado as responsabilidades deles de outra maneira.

"Sem dúvida Emma estaria mais motivada em uma função mais cheia de 'cliques', e Bill num papel que lhe permitisse a aplicação direta de sua experiência.

"Mas talvez a atual combinação não seja de todo ruim. Pode ser que Emma aprenda algo com Bill e — o que é mais importante para Bill — ele aprenda algo com Emma."

Alex percebeu que estava especulando. Sabia que a "idadelogia" era importante, mas não tinha uma resposta. E duvidava de que alguém tivesse.

Ainda assim, encarou o problema de frente e estimulou Bill e Emma a fazer o mesmo — com algum sucesso.

· 113 ·

O Hiato entre Gerações — Abismo ou Pequena Ruptura?

O "hiato entre gerações" é enganoso. Alguns acham que existem substanciais diferenças entre pessoas de, por exemplo, 25 e 50 anos. Outras acham que as diferenças entre pessoas da mesma geração são ainda maiores do que as diferenças entre gerações. E há quem creia na primeira opção, mas afirme esta última!

Em algumas áreas, como a ciência, confiamos muito nos especialistas. Mas quando se tratar de ajudar pessoas bem mais velhas ou bem mais novas a se motivar mais, é mais provável termos crenças condicionadas pelas nossas experiências quando mais jovens ou quando mais velhos do que pelas concepções alheias.

Mas como a sociedade muda com rapidez, seria de fato estranho se algumas dessas mudanças não ficassem impressas na mente de crianças nascidas em décadas diferentes. E seria igualmente estranho que o acúmulo de experiências e responsabilidades de uma pessoa mais velha não deixasse vestígios.

A página ao lado sugere alguns fatores que você pode querer lembrar quando estiver ajudando pessoas mais velhas ou mais novas a se motivar.

A Geração X e a Geração do Pós-Guerra

O que dizem os sociólogos sobre a Geração X...

Fatores Decisivos
- Visão de mundo negativa (40% têm pais divorciados, e há mudanças no emprego dos pais)
- Individualistas isolados (ambos os genitores têm carreira profissional, escola maternal, TV a cabo, videogames)
- Menos leais (expostos a atividades políticas, alterações no emprego dos pais)
- Questionamento da autoridade (menor presença dos pais, menor treinamento militar, menor freqüência à igreja)
- Maior diversificação (influxos e misturas étnicas)

Preferências em termos de aprendizagem e de vida
- Anseio por resultados
- Fazer-ver-fazer (em vez de primeiro aprender e depois aplicar)
- "Processamento" paralelo (em vez de passo a passo)
- "Alfabetizados" em tecnologia; oportunistas em termos de informações
- Menos concessões na busca da diversão
- Empreendedores e voltados para o resultado
- *Bites* e sons "clicáveis" em lugar de longos discursos

Na motivação de pessoas *mais velhas*, por exemplo, a Geração do Pós-Guerra, os fatores a seguir *podem* assumir maior importância:

- Medo de ter fracassado ou de não ter realizado o suficiente
- Nervosismo diante da possibilidade de a tecnologia avançar num ritmo que não permita que eles acompanhem
- Preferência pelos padrões e pela lógica, e não apenas por dados organizados ao acaso (por mais interessantes que sejam)
- Preferência pelo concreto, em vez do virtual ou metavirtual
- Preocupação com a família, ou com relação a ela

Exercício
- Fale sobre motivação com alguém bem mais velho do que você e, depois, com uma pessoa bem mais jovem. Compare os pontos de vista respectivos.

Usando o "cheeseburger" como talismã, Noel tornou-se o melhor — e mais gordo — vendedor da história da empresa...

Visualize o seu sucesso — em todas as dimensões

16. PNL — Programação Neurolingüística

Em que Alex aproveita algumas sugestões bem práticas de uma teoria de nome assustador

Alex esperava que a terceira xícara de café o despertasse, pois no final da manhã tinha uma importante entrevista de seleção. O principal competidor da empresa onde ele trabalhava estava bastante interessado em contratá-lo, embora ninguém ainda tivesse tido conversas diretas com ele.

Mas antes de ir à entrevista, ele se ocupou do Projeto Excalibur. A equipe iria apresentar suas recomendações ao Comitê Executivo da empresa dentro de dez dias, e o projeto já começava a atrair mais interesse do que a equipe pensara. No esboço da pauta do Comitê, o projeto já passara de último tópico do dia à posição mais elevada de ser discutido "no meio da tarde".

No geral, o projeto parecia bem, mas Alex não tinha tanta certeza quanto à sua busca de emprego. A entrevista da manhã fora apenas a terceira que ele conseguira em seis semanas. Para completar, ele se sentia bem sem prática em técnicas de como ser entrevistado.

Às dez e trinta, esgueirou-se nervosamente para fora do prédio. Ele sentia que era, ao mesmo tempo, o aluno que foge da escola, alguém que viola a lei que impede que empresas competidoras entrem em conluio, e que era insuficientemente radical nas opções de emprego que explorava. Para preparar-se, ele invocou toda a sua capacidade de automotivação. Criou uma imagem do seu sucesso iminente na entrevista, promoveu a própria confiança, relembrando como se saíra bem antes de situações muito mais difíceis e preparou-se para transcender a hesitação.

* * *

Voltou duas horas depois, sentindo que o seu desempenho na entrevista fora razoavelmente bom. Não tinha, porém, certeza de se de fato *se dera bem* com o homem que se sentava à sua frente. Entrando no escritório, viu Bea no fim do corredor. Fez-lhe sinal para que fosse à sala dele.

"Vim de uma entrevista", disse Alex, fechando a porta. "Parece que fui bem, mas não sei se o entrevistador e eu estávamos no mesmo canal. Você sabe alguma coisa sobre como motivar alguém a lhe dar um emprego?"

Bea hesitou. Tinha algumas idéias, mas pensou que, se as aplicasse de maneira inadequada, Alex poderia prejudicar em vez de melhorar o seu desempenho. "PNL", ela terminou por dizer.

Alex sempre desconfiara dos acrônimos de três letras: QED, PhD, TWA... "E o que é PNL?", perguntou ele.

Bea voltou a hesitar. Era um assunto complexo demais para uma conversa de cinco minutos. "Está bem, Alex, farei um breve resumo. Mas não tente usar nada disso até saber mais.

"PNL é a abreviatura de Programação Neurolingüística. É um conjunto de técnicas que se poderia descrever sem rigor como uma caixa de ferramentas para o desenvolvimento pessoal e para alcançar a excelência. Como o nome implica, baseia-se em 'programar' a si mesmo (isto é, programar seu circuito neurônico) para agir ou reagir de determinadas maneiras, requerendo muita atenção ao uso da 'linguagem' e de outros símbolos e imagens.

"Sua premissa essencial é que se pode conseguir quase tudo se se puder modelar e internalizar o comportamento apropriado. Nesse contexto, 'modelar' significa: a) ver (e ouvir, sentir, provar, cheirar) a si mesmo no ato de alcançar a sua meta, b) fazer isso por meio do uso da sua imaginação ou observando algum especialista em ação, e c) ficar atento ao grau de sucesso que alcança ao dar passos a fim de ter um desempenho mais consistente, de maneira a fazer a sintonia fina consciente de sua abordagem. Assemelha-se à autohipnose, mas se baseia *tanto* na atividade consciente *como* na atividade subconsciente."

Alex pensou por um momento ao tentar digerir tudo isso. "Mas como usá-la para motivar alguém a me dar um emprego?", perguntou ele, dirigindo a conversa de volta ao seu objetivo principal.

"Uma parte da PNL trata da maneira como nos comunicamos. Pesquisas sugerem que o impacto daquilo que dizemos tem uma relação de apenas cinco por cento com as palavras que usamos! 45 por cento do impacto vem do tom, da inflexão e de outras características vocais, e 50 por cento decorre de coisas não-verbais, como a maneira pela qual nos movimentamos e quaisquer ações que fazem que a outra pessoa confie em nós ou desconfie de nós."

"Oh!", suspirou Alex, "você está falando daquele negócio todo da influência das roupas e da linguagem corporal."

"Não é tão simples assim, Alex, embora esses elementos sejam importantes. Você mencionou que não se sentiu no mesmo canal do entrevistador. O que o fez pensar assim?"

"Bem, ele ficou de braços cruzados a maior parte do tempo, tendia a olhar antes por cima do meu ombro do que para mim e parecia sair pela tangente na discussão."

"Esses braços cruzados..." Bea se inclinou para a frente, "... você tentou se inclinar para a frente ou alguma outra coisa que o levasse a ficar mais receptivo?"

Alex viu-se inclinando-se para a frente, na direção de Bea, percebendo de súbito que repetia a ação dela. Com um sorriso desgostoso, também se deu conta de que — durante a entrevista — nem sequer tentara entrar no mesmo canal físico do entrevistador.

"O mais importante", prosseguiu Bea, "é que você precisa entrar em sintonia com o modo de pensar da outra pessoa. Há pessoas que pensam visualmente ('*Vejo* o que você está dizendo'), outras são mais auditivas ('*Ouço* o que você quer') e outras ainda cinestésicas ('*Sinto* que compreendo'). Você tem de usar as imagens da pessoa se quiser criar uma relação com ela."

Alex não estava inteiramente convencido: "Isso se parece bastante com manipulação. E se a pessoa perceber isso e por essa razão *desconfiar* de você?"

"Alex, todos têm intuição. Se você pretende ser manipulador, então, sim, as pessoas vão perceber. Mas você também pode dizer que está fazendo à outra pessoa a cortesia de se comunicar com ela na sua própria linguagem — e não só a verbal, mas a dos tons de voz, dos movimentos e das emoções. Como eu disse, a PNL não se restringe ao que descrevi.

"Aprenda mais sobre ela; garanto que isso vai ajudá-lo em suas entrevistas e em outras coisas."

Programação Neurolingüística (PNL)

A PNL apareceu no começo da década de 1970. A partir de então, tornou-se um conjunto prático de instrumentos para atingir a excelência, combinando de modo satisfatório elementos da lingüística, da neurologia e da biologia com pesquisas sobre as maneiras pelas quais nos comunicamos.

A PNL envolve "programar" a mente com imagens ricas (e que não são necessariamente lingüísticas). Suas bases essenciais são:

• Podemos alcançar virtualmente *qualquer* meta que estabelecermos para nós mesmos (por exemplo, falar outra língua, pintar quadros, fazer apresentações com mais clareza, resolver problemas com mais eficácia).

• Para caminhar rumo à nossa meta, precisamos: a) criar uma imagem extremamente rica do que a meta de fato é, e b) rumar para a meta modelando conscientemente modos que nós ou outras pessoas descobriram ser úteis no passado.

• ... mas só vamos avançar com rapidez se permanecermos atentos ao resultado vindo do nosso ambiente e de nós mesmos, e se modificarmos de acordo com isso as nossas iniciativas (bem como os nossos modelos mentais vinculados com a nossa missão).

• **É fundamental para todos esses passos a necessidade de envolver no empreendimento todos os nossos sentidos. Não podemos nos comunicar claramente, seja em nosso íntimo ou com outras pessoas, se limitarmos a nossa expressão às palavras.**

* * *

A PNL é considerada por muitos como a Teoria Geral do Desenvolvimento Pessoal, e vale a pena ler sobre o assunto.* Este capítulo é somente uma espécie de "entrada".

---

* Ver na bibliografia *Introducing NLP*.

Fragmentos da PNL Revelados

Neuro	O modo pelo qual você usa os seus sentidos para filtrar e processar as suas experiências e...
Lingüística	usa a linguagem e os símbolos para criar modelos mentais a fim de desenvolver...
Programação	hábitos e modalidades de comportamento novos e arraigados.

Conceitos selecionados da PNL (ver o Apêndice F para as descrições)

- Ritmar
- Dissociação
- Indícios de acesso
- Incongruência
- Primeira posição
- Ancorar
- Congruência
- Modelar
- Estrutura do tipo "como se"
- Estado
- Associação

Exercício

- Leia ou folheie um livro sobre a PNL. Observe uma personalidade pública a quem você admira — note a sua maneira de usar imagens visuais, auditivas e/ou cinestésicas.

17. Elogios

Em que Alex se vê em dificuldade para parecer convincente

Alex sentia-se razoavelmente confiante no que se referia à apresentação final do Projeto Excalibur, que ele faria dentro de alguns dias diante do Conselho. As melhorias em termos de custos e de receita eram potencialmente bem mais amplas do que a equipe tinha julgado possível no início; implementar as propostas parecia ser uma coisa simples; e, o que era importante, alguns dos melhores clientes da empresa tinham ficado vivamente impressionados com a abordagem seguida pela equipe.

Contudo, Alex preocupava-se com Rob. Rob parecia incapaz de aceitar elogios. Apesar dos problemas iniciais no projeto, ele terminara por obter excelentes resultados — e Alex tinha motivos para elogiar seu desempenho. O problema não era esse.

O que afligia Alex era que Rob não fosse pensar de modo suficientemente radical sobre os passos positivos que poderia dar em sua carreira, a partir de então. Se não tinha aceito os elogios, era improvável que Rob viesse a ter autoconfiança suficiente para tentar alcançar cargos apropriadamente melhores por meio do mercado interno de colocação da empresa ou em outra companhia.

Para a infelicidade de Viv, as palavras "aterrissagem perfeita" significavam algo *completamente* diferente no lugar de onde veio o garoto gordo com a pistola a laser...

Elogie de um modo que você saiba que vai ser compreendido

* * *

Alex tentou outra vez encontrar Michael. Estivera tentando localizá-lo há semanas, mas Michael parecia não responder mais aos seus telefonemas. Alex desejava alguns conselhos sobre seus próprios planos de carreira, e planejava adicionar uma rápida pergunta sobre como levar Rob a aceitar os elogios.

Alex terminou por encontrar em sua caixa de correio de voz uma mensagem de Michael: "Sinto muito ter estado fora de contato — há muita coisa acontecendo neste momento." A mensagem prosseguia com alguns conselhos genéricos, terminando com uma breve série de sugestões sobre como fazer elogios capazes de motivar.

* * *

Mais tarde, Alex encontrou Rob.

"Oi, Rob, tudo bem?"

"Tudo bem", foi a resposta sem inflexões.

"O que você vai fazer em seguida — já pensou em alguma coisa?"

Como Alex esperava, Rob não estava pensando em altos vôos.

"Veja, Rob", Alex sentiu vontade de sacudi-lo e enfiar nele algum bom senso, "você obteve excelentes resultados no projeto. Não seria bom aproveitar o momento para pensar em funções mais elevadas?"

"Mas eu não tenho certeza de ter feito um trabalho *tão* bom... quer dizer, havia mil outras análises que eu poderia ter feito."

Alex hesitou. Não sabia se insistia em abordar as inseguranças de Rob ou se se concentrava em fazer que os elogios fossem aceitos pelo rapaz. Deu preferência a elogiar. E usou a primeira sugestão de Michel: **provar** que os elogios eram sinceros.

"Rob, não sei o que vai resultar da apresentação ao Conselho, mas quero que saiba que você fez um ótimo trabalho. *Sempre que precisar de alguém que consiga extrair idéias relevantes de dados complexos, você será a minha primeira escolha.*"

Alguns minutos a mais de conversa sugeriram a Alex que Rob ainda não aceitara os elogios. E Alex passou à segunda abordagem: **explicar** por que julgava que o trabalho de Rob tinha sido tão bom. Apesar de ilustrações apropriadas, Alex sentia que a rota seguida não estava levando ao destino.

Ele tomou a decisão de transmitir o que queria, custasse o que custasse. Achou que estava exagerando, mas seguiu em frente: uma afirmação insofismável das alturas astronômicas que Rob sem dúvida alcançaria a julgar pelo seu excelente desempenho. "Rob, só posso dizer que você criou para si mesmo a visão de ser um Mago Merlin no tratamento dos dados. Eu quero só deixar registrado que você mostrou que é um maravilhoso MAGO. Um dia você vai ser dono de uma empresa de *software* ou talvez volte para o mundo acadêmico. Seja como for, estou certo de que suas capacidades vão lhe dar fama."

Rob pareceu "acordar". Sua voz assumiu um timbre mais vigoroso. Olhou bem nos olhos de Alex. "Você acha mesmo?", perguntou, cheio de excitação.

Alex, apanhado na armadilha de sua própria perseverança, devia isso a Rob: não recuar nesse momento. "Claro que acho", disse ele, com ar decidido... e com os dedos cruzados.

* * *

Rob saiu e fechou a porta. Alex, cansado por causa do esforço, se enterrou ainda mais na cadeira. "Será que fiz a coisa certa?", perguntou a si mesmo nervosamente. "Não parecia bom ir tão longe."

Mas uma estranha coisa aconteceu. Nos dias seguintes (ou durante mais tempo), Rob pareceu estar bem mais otimista e animado. Sem que Alex soubesse, sempre fora um sonho de Rob montar sua própria empresa de *software* — e ele estava nesse momento dando os primeiros passos analíticos nessa direção.

Alex resolveu que — quando se trata de elogiar — o fim de fato justifica os meios... desde que haja alguma base real para se dizer que o trabalho foi bem feito.

Elogios

Não se pode motivar alguém se não se tiver a capacidade de elogiar a pessoa por alguma coisa que ela tenha feito (ou por um talento que tenha) *de modo profundamente convincente*.

Por alguma razão, a maioria das pessoas espera que uma afirmação do tipo "você se saiu muito bem" seja seguida por "...mas há como se sair melhor". Por esse e por outros motivos, muitas pessoas não aceitam como genuína a primeira afirmação quando isolada. Elas sentem que você no mínimo está evitando fazer alguma crítica. A tabela na página seguinte sugere algumas abordagens que você pode querer adotar para combater essa síndrome.

Claro que há momentos — especialmente no contexto do trabalho — em que você também pode querer sugerir maneiras de a pessoa melhorar seu desempenho.*
Mesmo assim, é preciso ter o cuidado de fazer elogios *não-adulterados* em quantidade suficiente.

Se tenta manter a sua *própria* motivação (em vez da de alguém), você vai descobrir suas maneiras pessoais de se convencer de sua própria capacidade.

---

* Ver *The Tao of Coaching*, Capítulos 5 e 16.

Quatro Sugestões para Fazer Elogios

Problema	Sugestão
A pessoa não acredita nos comentários positivos que você faz	*Prove* o que diz: "Essa apresentação foi tão boa que *quero que você faça as outras*"; "Que bela foto! *Você poderia fazer o favor de tirar mais algumas?*"
A pessoa na verdade não entende por que você acha que ela fez um excelente trabalho	*Explique por que* você acha que a pessoa fez um bom trabalho: "Essa apresentação foi uma maravilha *porque você...*"; "A foto ficou ótima *porque ...*"
A pessoa acha que alcançou os resultados "por pura sorte"	*Sugira* que o desempenho da pessoa é como uma segunda natureza dela: "*Você é* um excelente expositor..."; "*Você é* um ótimo fotógrafo..."
A pessoa não percebe integralmente o próprio potencial	*Exprima* o potencial hiperbolicamente: "Você é tão bom em apresentações que poderia estar fazendo o noticiário na TV"; "Tirando fotos desse jeito você vai acabar famoso."

18. Stress; Mente, Corpo e Espírito

Em que Alex aprende a distinguir entre
tensão e desgaste

Alex estava nervoso sentado no fundo da sala, esperando a hora de falar ao Comitê Executivo. A equipe do Projeto Excalibur tinha preparado os *slides*, mas ele sabia da existência de algumas áreas vulneráveis em sua apresentação.

Ele invejou a aparente facilidade com que o diretor de *marketing* manejava o *laptop* ligado ao projeto.

"Como é que estou tão estressado e ele tão relaxado?", imaginou Alex. "Afinal, estamos no mesmo ambiente e tanto ele como eu temos muita experiência em fazer apresentações de alto nível."

Foi então que Alex se lembrou de alguma coisa dos seus dias de estudante de engenharia: tensão é a força exercida *sobre* um objeto, enquanto o desgaste é a maneira como a força é transmitida *através* do objeto. A tensão é exterior e o desgaste é interior. Assim, tecnicamente, Alex e o diretor de *marketing* estavam igualmente *estressados*, estando a diferença no fato de a tensão estar causando mais *desgaste* em Alex.

Enquanto rabiscava na prancheta, Alex ficou imaginando por que o seu desgaste diferia do do diretor de *marketing*.

· *129* ·

"Hummmmmm, isso vai sair caro..."

Verifique o seu grau de *stress* antes que seja tarde

"Talvez tudo esteja na mente. Toda essa conversa negativa, todos esses 'macacos barulhentos' que a meditação pretende acalmar. Fiz experiências com a meditação, e ela de fato parece ajudar. Mas sempre julguei que as pessoas que meditam regularmente (às vezes durante horas todos os dias) apenas encontraram uma nova atividade na qual se viciar. Em vez de promover o 'desapego' que é o seu objetivo, a meditação pode às vezes criar uma nova modalidade de apego."

Alex concluiu que a sua mente na verdade estava bem (pelo menos até aquele momento). Ele decidiu — e não pela primeira vez na vida — transcender a necessidade de meditar! Essa era uma grande desculpa.

"Talvez o corpo físico seja o responsável pelo desgaste que estou sentindo. Mas o meu regime alimentar é saudável. Suponho que não faço exercícios tanto quanto deveria, mas, para a minha idade, estou em muito boa forma. Eu ainda poderia correr uma maratona se de fato quisesse e se treinasse o bastante... não, o problema não é o corpo. Talvez eu tenha tido demasiados jantares de negócios recentemente, mas também não acho que a culpa seja deles."

Ele estava prestes a fazer a avaliação do espírito, a terceira parte de sua trindade mente-corpo-espírito, mas ocorreu-lhe outro pensamento.

"Sempre pensamos em alimentação e em exercícios quando pensamos em 'corpo'. Não pensamos com tanta freqüência em reflexos e reações, muitos dos quais se automatizaram a tal ponto que se tornaram parte do corpo físico. Que dizer das glândulas supra-renais? Esse negócio de 'Lutar ou Fugir' — isso é parte da 'mente'? Acho que não — é mais parte do 'corpo'."

Mesmo com essa definição mais ampla de "corpo", Alex deu a si mesmo uma nota aceitável nesse breve auto-exame. Contudo, ficou pensando por que a maioria dos *check-ups* médicos parecem dar tão pouca atenção às reações emocionais (concentrando-se em vez disso em detalhes puramente físicos). Ele iria perguntar à sua médica na próxima vez que a visse.

"*Então, suponho que o meu desgaste está relacionado com o meu espírito. O que é 'espírito' afinal?* (*Ele abriu seu* palm-top *e foi a Ferramentas, Dicionário: 'vida, vitalidade, animação, movimento, alma, essência. Hummm... não muito útil (como sempre). Alma — parece mais promissor. Vamos ver o que o Dicionário tem a dizer sobre isso: ... 'vida, vitalidade, animação, movimento, espírito, essência'.*"

Frustrado com a circularidade do dicionário barato, Alex renunciou à busca do espírito.

Como a sua apresentação estava próxima, concluiu que era muito difícil identificar uma causa específica de "desgaste". Talvez seja por isso que os consultórios dos analistas nunca têm vaga.

Tudo o que se podia fazer de útil era 1) estar atento à diferença entre tensão e desgaste; 2) tentar não se expor em demasia a situações com excesso de tensão; e 3) alimentar a esperança de que algumas atividades gerais de "manutenção" concentradas — mesmo em separado — na mente, no corpo e no espírito de alguma maneira se combinassem para canalizar a tensão pelo eu de uma maneira que não fosse demasiado dolorosa.

Porém Alex voltou abruptamente à realidade da sala de reuniões, graças a uma discussão que parecia que ia começar. A impressão era a de que o diretor de *marketing* estivera ignorando algumas perguntas dos membros do Comitê Executivo... e não respondia a outras integralmente! Ele estivera tão seguro de si que fora de cabo a rabo em sua apresentação sem sequer imaginar que os seus ouvintes pudessem ter alguma coisa de útil com que contribuir.

"Talvez seja possível ficar *relaxado demais*, ou *insuficientemente tenso*", pensou Alex. "Todos precisam de *alguma* adrenalina no sistema para ficar atentos. Sem alguma tensão, logo cairíamos no sono — ou na armadilha de não responder perguntas do público."

Era a hora de Alex se dirigir ao Comitê. Ao fazer a sua apresentação, ele acabou por se mostrar grato às suas glândulas supra-renais. Ele tratou das propostas geradas pelo Projeto Excalibur, destacando o potencial de aumento da lucratividade e, ao mesmo tempo, de melhoria do serviço ao cliente. Estava atento e receptivo ao enfrentar as questões subseqüentes.

O Comitê pareceu impressionado, mas é claro que o Conselho Diretivo teria de concordar com as propostas na sua reunião do dia seguinte.

"Tensão"

Às vezes, as coisas dão errado. Então, mais coisas dão errado. No final, começamos a nos sentir assoberbados. Passamos a ficar **estressados!**

Passamos? Tensão é uma palavra de que se costuma abusar. Trata-se, porém, de um abuso sutil e subliminar, e, portanto, um item particularmente perigoso do nosso léxico de conversas desestimulantes.

Os engenheiros, contudo, fazem uma clara distinção entre *tensão* e *desgaste*. Tensão é a força exterior aplicada a um corpo; desgaste é a maneira pela qual essa força é transmitida através do corpo. Embora nem sempre possamos controlar os desgastes exteriores, certamente podemos agir com relação às tensões interiores.

Muito bem! Mas o que *podemos* fazer para permanecer motivados mesmo quando estressados?

- **Aprender a distinguir** entre tensão e desgaste — colocá-los em caixas separadas e abordá-los cada qual por sua vez.
- **Reconhecer os efeitos** *benéficos* **de níveis apropriados de desgaste** (e, portanto, de tensão). Sem essas forças, levaríamos desinteressantes vidas catatônicas.
- **Identificar sua ótima zona pessoal** para a tensão e o desgaste. Algumas pessoas precisam de mais tensão do que outras para agir com eficácia. Explore as suas fronteiras pessoais de tensão; faça experiências ativas — aumente-as e diminua-as.
- **Mas** procure ajuda profissional se se sentir completamente assoberbado.

* * *

Tensões e desgastes podem tanto fortalecer como enfraquecer as ligações do ciclo da VICTORY. Aprenda a jogar com elas em seu próprio benefício (ou para ajudar as pessoas a fazê-lo).

Se precisar de mais apoio nesse campo, qualquer boa livraria oferece livros (e seminários) para ajudá-lo a lidar com o *stress*.

Tensão versus Desgaste, e a Zona Ótima

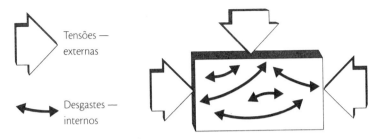

Tensões — externas

Desgastes — internos

Corpos diferentes reagem às tensões de diferentes maneiras. Alguns permanecem imutáveis por algum tempo e de repente saltam como uma mola. Outros ficam deformados, mas não quebram. Tudo depende do seu "grau de elasticidade".

Com muito pouca — ou demasiada — tensão durante longos períodos de tempo, tendemos a perder a eficiência. Cada pessoa tem o seu próprio perfil e a sua própria zona pessoal de quantidade ótima de tensão.

Eficiência pessoal

Zona ótima de tensão?

Tensão aplicada exteriormente

Exercício

- Lembre-se de episódios de sua vida. Descreva o seu "grau de elasticidade", nessa área específica. Trace o seu próprio perfil de variação da eficiência a depender da quantidade de tensão aplicada.

Ninguém disse uma única palavra desde que, há três dias, Huxley insistiu em praticar o jogo do "remo"...

**Não deixe as suas capacidades
de motivação trancadas
no escritório**

19. Motivação — Além do Local de Trabalho

Em que Alex aplica as capacidades recém-adquiridas fora do local de trabalho

Quando acabou sua apresentação ao Comitê Executivo, Alex olhou as horas e foi para o Centro de Apoio aos Sem-Teto. Todos os anos, com a aproximação do Natal e com as noites ficando mais frias, Alex doava alguns dias a essa entidade caritativa. Na sede da organização, a sua capacidade de planejamento e logística ajudava a fazer que o número certo de cobertores, camas e presentes chegasse aos lugares certos no momento certo.

Apesar dos recentes problemas no trabalho — ou talvez para fugir um pouco deles — ele resolveu dedicar-se a essa atividade outra vez.

* * *

Novos rostos o cumprimentaram, e alguns conhecidos. "Oi, Alex — ficou longe dos problemas desde o último Natal?" Era Zak Daniels, sempre alegre, empresário bem-sucedido e, mais uma vez nesse ano, capitão temporário da brigada de voluntários.

"Tive uns altos e baixos, mas estou me sentindo com muito mais energia do que há alguns meses", respondeu Alex.

"É bom ouvir isso." Zak sempre deixava o passado de lado, preferindo concentrar-se no presente e no futuro. "Tivemos alguns contratempos este ano.

Camas demais, cobertores de menos, e tenho medo de que algumas das pessoas que trabalham com você na logística estejam pretendendo parar este ano. Não sei bem por quê." Uma metade de Alex rugiu. Parecia a saga do Quinteto Desafinado mais uma vez. A outra metade se recordou dos comentários de Jim, seu chefe, meses atrás, dizendo que Alex não era um motivador. A última metade venceu. Ele resolveu mostrar que Jim estava errado — Alex assumiria o controle de *qualquer* grupo de pessoas e as motivaria. Era preciso pensar rápido. Eles só tinham três dias para fazer o trabalho, e Alex só dispunha de quinze minutos antes de o pessoal chegar para receber instruções. Sua inclinação natural teria sido aplicar as suas excelentes capacidades de organização e planejamento, cultivadas pelos seus anos de engenharia na universidade, de administração da produção no seu primeiro emprego, de experiências na escola de administração e de planejamento estratégico na sua atual empresa. Mas parou a tempo. Ele mostraria que Jim e aqueles outros diretores estavam errados. Iria se concentrar na Visão e em todos os outros elementos da motivação, deixando de lado o planejamento e a microadministração.

Quando os primeiros, e poucos, membros da equipe de logística chegaram ao cômodo desgastado, ele ainda dava os toques finais às suas primeiras observações. A que imagens visionárias ele poderia apelar? Que plano de ação *bem* simples poderia galvanizar os seus esforços? Quais eram os fatores motivadores que reuniram aqueles voluntários?

"Estamos reunidos, agora, aqui, perto do Natal, na presença de pessoas sem-teto e necessitadas. Enfrentaremos pesados desafios nos próximos três dias, mas vamos superá-los. Não por dinheiro. Não por fama, não para a satisfação pessoal. Mas para ser como os donos daquela hospedaria que deu abrigo aos três viajantes necessitados há dois mil anos...

"... e vamos alcançar a nossa meta final. Teremos um período tão bom juntos nos próximos três dias que mal poderemos esperar para estar juntos outra vez no próximo Natal", concluiu.

Alex pensou que os próximos dias poderiam proporcionar um ambiente menos arriscado para a prática de suas capacidades de motivação. Ele estava num lugar em que a maioria dos membros de sua equipe não conhecia o seu usual estilo analítico e controlador. Ele podia assim chegar a extremos em sua experiência, sem se preocupar com a possibilidade de os outros dizerem: "O que aconteceu com Alex? Por que ele está agindo assim?" Alex superara conscientemente o seu desejo de "controlar todo o trabalho sozinho". Introduzira em seu plano tempo suficiente para falar com cada membro da equipe — para verificar e energizar as suas próprias visões para os próximos três dias de trabalho, para acompanhar e promover seus níveis de confiança, bem como para observar e reestruturar as maneiras como eles estariam respondendo à taxa aparente de progresso.

* * *

O prazo final se aproximava. Na última tarde da equipe, caminhões alugados recolheram as camas, os cobertores e outros itens de uma ampla variedade de depósitos. Alguns motoristas foram diretamente aos pontos finais de entrega em centros para os desabrigados ao redor do país. Outros primeiro passaram em armazéns intermediários e depois levaram cargas reorganizadas aos centros.

Houve problemas de última hora — alguns grandes, outros pequenos. Mas quando a meia-noite soou anunciando a Véspera de Natal, a equipe sabia que fizera um bom trabalho.

Enquanto copos de plástico e vinho barato circulavam, era grande a animação da equipe. Zak atraiu Alex para o canto e o cumprimentou: "Grande trabalho!"

"Obrigado", replicou Alex.

"Não...", continuou Zak, mais uma vez desprezando o passado em favor do futuro, "quero dizer que tenho um grande trabalho para *oferecer* a você. Estou para anunciar uma grande aquisição. Preciso de algum peso pesado para dirigir a empresa resultante. Vi você trabalhando nos últimos anos. E — espero que você não se incomode — tomei a liberdade de verificar as suas credenciais. E então? Está interessado?"

"Parece uma tarefa importante. Acho que preciso saber um pouco mais sobre a empresa."

"Não se preocupe com isso. Tenho certeza de que você sabe o suficiente. De qualquer modo, o que nos interessa é a sua capacidade de motivação e de gerenciamento."

O relógio deu uma hora da manhã, e Alex foi poupado da necessidade de tomar uma decisão instantânea. Foi para casa, prometendo ligar para Zak no dia seguinte. E ligaria...

Motivação Fora do Local de Trabalho

Muitos dos exemplos que aparecem neste livro ilustram aplicações do modelo de VICTORY no ambiente de trabalho.

Mas as técnicas e sugestões têm aplicação mais ampla. É provável que você não queira ser um conselheiro ou motivador profissional, mas se simplesmente "espalhar um pouco de motivação", pode esperar colher recompensas imprevistas.

• O diagrama na página seguinte sugere algumas áreas nas quais você pode querer aplicar as suas capacidades de motivação.

• Ao agir nesses termos, você precisa ter em mente alguns aspectos:

— **Dê atenção ao contexto.** No trabalho, sendo você dirigente e líder de outros, as pessoas esperam que você as motive (ou ao menos alimentam a esperança de que você o faça). Embora não partilhem as mesmas expectativas dos seus colegas de trabalho, os amigos e a família provavelmente têm a mesma esperança. Mesmo assim, você só deve se envolver — superficial ou profundamente — com a motivação dos outros depois de ter pensado explicitamente sobre o contexto.

— **Obviamente** (mas mesmo assim digno de ênfase), você não precisa restringir seus esforços de encorajamento a pessoas que estejam "em baixa". Você pode querer energizar uma pessoa que já esteja motivada.

— **Não tenha os olhos maiores do que a boca.** Há ocasiões em que as pessoas precisam da ajuda de um psicólogo profissional — por exemplo, quando estão clinicamente deprimidas. Nessas situações, limite seus esforços a motivá-las a buscar essa ajuda profissional. Do contrário, você corre o risco de piorar as coisas.

A Motivação Fora do Ambiente de Trabalho

Áreas nas quais motivar

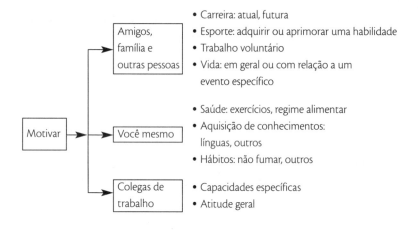

Exercício

- Dê-se ao luxo de aplicar suas capacidades recém-aprimoradas de uma maneira mais ampla do que, originalmente, você possa ter pensado.

20. Mestre em Motivação

Em que Alex rememora todas as etapas
por que passou

Na véspera do Natal, Alex voltou ao escritório para uma manhã de trabalho antes do feriado. Se tivesse sorte, poderia saber se o Conselho Diretivo adotaria as recomendações que ele e a equipe tinham feito, por meio do Comitê Executivo, vários dias antes. Depois de almoçar com a equipe, ele planejava ir para casa. Ligaria para Zak a fim de saber mais sobre a oferta informal de trabalho. Então decidiria, levando em conta a outra oferta que lhe fora feita até agora — pelo principal concorrente da empresa. Contudo, depois do primeiro café do dia, ele decidiu fazer uma revisão dos eventos dos últimos três meses.

Projeto Excalibur: um sucesso. Qualquer que fosse a decisão do Conselho, Alex sabia que a empresa acabaria por implementar as recomendações da equipe, sendo provável que promovesse projetos semelhantes na esteira do Excalibur.

O Quinteto Desafinado: talvez não fosse um esquadrão de elite, mas o pessoal por certo mostrou o seu valor — individual e coletivamente. Vários gerentes de outros departamentos da empresa estavam perguntando a Alex sobre eles. Estavam impressionados com o que ti-

· 143 ·

As vendas estavam baixas e, dentro da loja, Hank estava começando a pensar se escolhera a cidade certa para lançar o seu novo livro.

Transforme a motivação num hábito!

nham visto quando os membros da equipe de Alex tinham trabalhado com membros dos departamentos deles para resolver problemas de produção. Todo o Quinteto recebera ofertas de outros cargos na empresa. **O próprio Alex**: de 1 a 10, ele deu a si mesmo 7,5. Ainda que tivesse promovido uma reviravolta no desempenho da equipe, ele não tinha certeza de ser de fato um grande motivador (seja de si mesmo ou dos outros).

Alex refletiu por alguns minutos sobre o que constituía o domínio da capacidade de motivar *habitualmente* a si e aos outros. Praticando suas capacidades de visualização, ele fez que uma imagem do verdadeiro domínio emergisse em sua mente. No final, a imagem tomou a forma de um amálgama de Bea e Michael. Desse modo, o que tinham esses dois feito para obter um resultado tão bom e de que maneira tinham conseguido alcançar esse nível de excelência?

A característica mais importante do domínio parecia ser uma combinação de intuição e instinto. Tanto Bea como Michael dispunham de seus próprios instrumentos, modelos e estruturas operacionais — muitos dos quais haviam transmitido a Alex. Mas havia algo mais que tornara essas duas pessoas verdadeiros mestres — eles usavam os seus instrumentos, modelos e estruturas operacionais com um verdadeiro instinto, aplicando intuitivamente os corretos à situação que tinham à mão.

Por exemplo, Michael poderia, caso lhe pedissem, explicar o ciclo de VICTORY passo a passo — mas, quando ele o aplicava, certamente para motivar os outros e é provável que, quando motivasse a si mesmo, o ciclo deixava de ser uma série de etapas num círculo. De certo modo, parecia que o círculo tivesse se transformado num ponto. Ou mesmo num ponto inexistente. Ou até num ponto inexistente que fizesse parte de todos os outros pontos inexistentes que tivessem se tornado uma parte do seu ser. Para Michael, a motivação se tornara uma "arte sem artifício".

Mas como Michael e Bea haviam alcançado esse nível de capacidade inata? Alex permitiu que o seu lado analítico assumisse o controle por algum tempo. Os caminhos deles têm de ter envolvido o desenvolvimento tanto da *perícia*, por meio da aquisição explícita desses instrumentos e estruturas operacionais, como da *experiência*, por meio da prática repetida e do arraigamento subconsciente. Alex concluiu que os passos para vir a ser um mestre pareciam portanto ser:

1. Buscador. Você se dá conta da importância e do impacto (com respeito a você e aos outros) dos hábitos da motivação. Aprende algumas técnicas simples e as aplica em situações menos complexas.
2. "Adepto Treinado" e/ou "Realizador Prático". Você aprende mais sobre o assunto e aplica as novas abordagens a territórios relativamente conhecidos; então, com crescente confiança, estende o escopo de aplicação dessas suas capacidades. Trata-se do caminho do "adepto treinado", que provavelmente prefere "pensar-fazer-pensar".

Mas há outro caminho. Você pode recorrer às poucas lições que já aprendeu e aplicá-las diretamente a territórios conhecidos; só quando precisa da perícia e de técnicas adicionais, você se empenha em adquiri-las. Trata-se do caminho do "realizador prático", que provavelmente prefere "fazer-pensar-fazer".

É claro que a maioria das pessoas passa algum tempo seguindo cada um desses caminhos — que não são mutuamente exclusivos.

3. Mestre. Nos primeiros estágios da condição de "adepto" ou "realizador", as coisas começam a parecer indevidamente complicadas, porém, com o aumento da capacidade e da prática da motivação, se tornam habitualmente mais fáceis. Sendo você um mestre, as pessoas ficam maravilhadas com a sua generosidade de espírito em ajudar outras pessoas. Elas ficam imaginando de que maneira você conserva a sua própria energia quando dá tanto dela, e com tanta freqüência e a tantas pessoas. Pode ser que você possa fazer isso por ser fácil demais — na realidade, você não sente que está dando coisa alguma!

Nas palavras de um ditado zen:

> *Antes do Zen, as montanhas são montanhas e os rios, rios;*
> *Durante o Zen, as montanhas não são montanhas nem os rios, rios;*
> *Depois do Zen, as montanhas serão outra vez montanhas*
> *e os rios, rios.*

* * *

Alex levantou os olhos. Era Michael. Ele não parecia mais um mestre; parecia ressabiado e com uma atitude de quem se desculpava. Ele era humano, afinal de contas!

"Não me diga", resmungou Alex, "que o Conselho recusou as recomendações."

"Ah, não!", tranqüilizou-o Michael. "Aceitou imediatamente!"

"E por que você parece tão 'pra baixo'?"

"Lamento, Alex... eu queria lhe dizer antes, mas tenho certeza de que você compreende que eu tinha de manter o segredo..."

Michael pôs em cima da mesa de Alex uma página que acabara de sair da copiadora. Apesar do seu conhecimento da natureza humana, Michael não conseguiu explicar o sorriso que foi se abrindo cada vez mais no rosto de Alex enquanto lia o título do comunicado à imprensa, quando este se deu conta do alcance da coisa:

CONSELHO CONCORDA COM OFERTA SECRETA
DE AQUISIÇÃO FEITA POR ZAK DANIELS

Nova administração será anunciada na próxima semana

Como Tornar-se Mestre no Hábito de Motivar a Si Mesmo e aos Outros

Faça a si mesmo um favor — *vicie-se* no hábito positivo de motivar a si mesmo e aos outros. Os benefícios serão bem maiores do que eu posso dizer aqui. O mínimo que você deve a si mesmo é tornar-se um mestre na arte da *automotivação*. E quais são as características do "mestre" e como nos transformamos em um?

• **Mestres.** As características mais evidentes de um mestre são a *intuição* e o *instinto*. O mestre sabe, por intuição, exatamente quanta "motivação" empregar numa dada situação. Ele* usa instintivamente a abordagem correta. Assim que sente — ou quase antes de sentir — falta de confiança, tem uma reação reflexa.

É criado assim um circuito mental que é incorporado ao cérebro mediante a prática: talvez seja o circuito do modelo de VICTORY, talvez algum outro reflexo. Ele se "remotiva" quase antes de perceber a sua própria desmotivação. Sem que se dê conta, ele também sabe exatamente como aplicar isso a outras pessoas.

• **Caminhos.** A página ao lado ilustra três possíveis caminhos para a maestria; o Apêndice G, página 162, oferece sugestões de como percorrê-los. Os caminhos promovem a *perícia* cognitivamente e a *experiência* por meio da prática repetida em muitas áreas. Cada um de nós escolhe o seu próprio caminho com base nas oportunidades que oferece a si mesmo — ou que a sorte proporciona.

* * *

Poucas pessoas se tornam mestres absolutamente intuitivos e instintivos. Este é um fato difícil de aceitar, porém inescapável, que o estado de motivação requer manutenção diária. Assemelha-se mais a ter de escovar os dentes todos os dias do que aprender "de repente" a andar de bicicleta. É, no entanto, o melhor presente que você pode dar a si mesmo.

---

* ... ou ela.

· *148* ·

Como Tornar-se Mestre em Motivação

Maestria: intuição e instinto, baseados na perícia e na experiência, os dois desenvolvidos em termos cognitivos e por meio da prática, respectivamente.

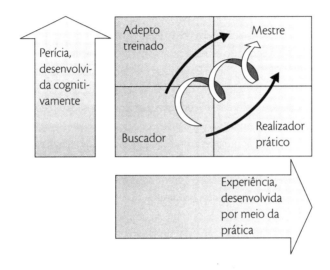

Exercício

- Escolha ao menos uma pessoa a quem você vai transmitir pelo menos algumas das suas capacidades em termos de motivação, nos próximos três meses.

Resumo

- A capacidade, arte, ofício e hábito da motivação de si mesmo e dos outros é a característica que marca o líder (e o pai ou o amigo) excelente. Motivar alguém é dar a essa pessoa um presente inesquecível e inestimável. Motivar alguém também requer que você mesmo esteja motivado.

- É possível falar da motivação, bem como influenciá-la, em termos gerais. Mas é melhor começar concentrando-se num projeto ou área específicos da vida.

- O ciclo de VICTORY é um modelo simples, com capacidade de se auto-reforçar, que ajuda a maioria das pessoas. Com uma visão energizante para criar impulso, a confiança se fortalece, os esforços se redobram, os resultados são impressionantes, o retorno, inspirador e a confiança, reforçada. Você pode iniciar esse ciclo em qualquer ponto, mas costuma ser preferível começar com a visão mobilizadora.

  — A **Visão** tem de envolver todos os sentidos e levar a planos práticos. Ela ilumina todos os outros componentes do ciclo.

  — O **Impulso** para mudar precisa controlar impulsos profundamente arraigados.

  — Ocupe-se da **Confiança** como de um jardim: plante-a, alimente-a, arranque as ervas daninhas.

  — **Transcender a hesitação** pode ser agradável, mas às vezes assusta; cultive uma voz que possa impeli-lo no momento da verdade.

  — **Observar resultados** que devem ser planejados, mas não em demasia; os planos são irrelevantes, mas planejar é tudo. Procure o serendipismo.

  — Para **Responder** eficazmente **ao resultado**, você terá de fazer um roteiro construtivo do que vai dizer a si mesmo, bem como o acompanhamento detalhado do seu sistema de crenças.

  — **YOU** (você!) é o produto de suas motivações e das ações delas resultantes; use motivações profundamente arraigadas ao lado do ciclo da VICTORY.

- Sabe-se pouca psicologia. Aprenda o essencial: mecanismos de defesa, tipos de personalidade, medo do sucesso, medo do fracasso, efeito dominó, PNL, pressão *versus* desgaste.

- Há coisas que a maioria das pessoas precisa praticar mais: fazer elogios (a si mesma e aos outros) não adulterados e capazes de aumentar a confiança; falar ao coração, e não só à mente; usar planos simples de uma única página para fazer progressos iniciais; acompanhar pormenorizadamente o que dizem a si mesmas e as crenças que têm.

Por fim, seja natural e procure adaptar-se às necessidades da pessoa a quem está motivando. Se "exagerar na tentativa" e aplicar quaisquer técnicas com demasiada rigidez, você correrá o risco de parecer insincero e de ser ineficiente.

Apêndices

Apêndice	Página

A Como usar este guia com eficiência
(Introdução)   154

B Qual o grau de motivação que você aplica a si mesmo e
aos outros?   155
(Capítulo 1. A motivação e as três dimensões da
liderança)

C Como desenvolver uma visão
(Capítulo 3. Visão)   156

D Examinar o que você diz a si mesmo e as crenças que tem   158
(Capítulo 8. Reagir aos resultados)
(Capítulo 12. Medo do sucesso)

E Elementos do Indicador de Tipos Meyers-Briggs (ITMB)   160
(Capítulo 11. Tipos de personalidade)

F Conceitos selecionados da PNL
(Capítulo 16. PNL)   161

G Sugestões para a maestria da motivação   162
(Capítulo 20. Mestre em motivação)

Apêndice A

Como usar este guia com eficiência

Você não pode adquirir mais capacidade de motivar quem quer que seja por meio da simples leitura de um livro. Pequenas experiências práticas costumam ser a chave do sucesso. Por conseguinte, você poderá querer adotar esta abordagem:

1. Preencha um pequeno questionário de avaliação pessoal (Apêndice B, página 155). Isso vai ajudá-lo a conferir um foco à sua prática, particularmente se você pedir a outras pessoas que o conheçam que preencham o mesmo questionário a partir das impressões que têm a seu respeito.

2. Escolha um tópico para praticar esta semana — por exemplo, "desenvolver uma visão" ou "interpretar o resultado". Pratique outros tópicos quando parecerem mais relevantes e valiosos para você.

3. Obtenha resultado sobre o seu progresso em tornar-se um motivador de outras pessoas. Se você tiver um sucesso fenomenal no trabalho com alguém, seu resultado terá vindo sem que você precise pedir. Mas em geral — mesmo que o efeito de sua ação esteja sendo positivo — você vai precisar perguntar como está se saindo, dado que a maioria das pessoas supõe que os motivadores não precisam de encorajamento!

Apêndice B

Qual o grau de motivação que você aplica a si mesmo e aos outros?

	Você Mesmo			Outras Pessoas			Ação	
	F	D	R	F	D	R	P	C
Visão								
Desenvolva uma imagem mobilizadora — que exija a participação de múltiplos sentidos — do que ser/do que fazer (para si e para outras pessoas)								3
Traduza a imagem num plano de uma única página (ou dê apoio a outras pessoas no seu planejamento)								3
Confiança								
Procure conseguir dos outros um resultado energizante; recompense a si mesmo (ou às outras pessoas) de maneira palpável								5
Tome conhecimento dos fatores específicos que tendem a promover a sua confiança (ou a dos outros)								5
Transcender a hesitação								
Evite a procrastinação (ou ajude outras pessoas a fazê-lo)								6
Consiga o apoio de outras pessoas — ou de seus próprios recursos interiores — quando estiver prestes a tomar uma iniciativa assustadora (ou ajude outras pessoas a conseguir esse apoio)								6
Observar resultados e obstáculos								
Estabeleça metas específicas que se vinculem com a sua visão de modo simples e flexível, metas que envolvam uma divisão em passos viáveis (ou ajude outros a fazê-lo)								7
Crie serendipismo para si e para os outros								7
Reagir aos resultados								
Procure obter resultados, aceitando o crédito pelos elogios e usando de modo construtivo o resultado aparentemente negativo (ou ajude os outros a fazê-lo)								8
Acompanhe de perto aquilo que você diz a si mesmo e, se necessário, reescreva o roteiro (ou ajude outras pessoas a fazê-lo)								8

Marque suas respostas acima (F = Freqüentemente, D = De vez em quando, R = Raramente) com respeito ao modo como motiva a si mesmo e aos outros... e depois decida qual vai ser o foco de seus esforços P = Prioridade. (C = Capítulo de relevância especial.)

· 155 ·

Apêndice C

Como desenvolver uma visão

Você é a única pessoa capaz de criar para si mesmo uma visão convincente, embora os amigos possam ajudá-lo.

• **Lembre-se** do motivo que o levou a ler este livro. Em que aspecto da sua vida você desejava tornar-se mais motivado?_____

• **Reserve** agora meia hora na sua agenda para uma reunião consigo mesmo destinada a preencher a página ao lado.

• Durante essa reunião consigo mesmo, **trace um diagrama** de sua própria visão para si mesmo; use as sugestões a seguir, se forem úteis.

• **Parabenize-se** pelo que conseguiu e, se julgar útil, marque uma nova reunião consigo mesmo. Faça uma revisão dos elementos que os seus amigos apresentaram a você. Você foi suficientemente radical ao criar a sua visão?

Acostume-se com isso o bastante para poder ajudar as outras pessoas a desenvolver as visões delas. Peça a ajuda dos outros para desenvolver as suas.

Sugestões para a sua sessão de visão

>> Assegure-se de estar num momento e num lugar calmos. Feche os olhos e crie uma imagem mental do que seria o sucesso para você.

>> Use todos os seus sentidos para dar substância à sua representação mental — visão, olfato, tato, gustação, audição e o sexto sentido. Use metáforas.

>> Devaneie mais! Qual seria o título da sua autobiografia?

>> Quando estiver pronto, registre as suas impressões na página oposta — use desenho(s), cores, palavras; cole coisas na página: o que quer que o ajude mais a capturar a visão.

>> Reúna idéias sobre atividades, coisas ou pessoas que possam ajudá-lo na rota que leva à realização da sua visão.

Apêndice D

Examinar o que você diz a si mesmo e as crenças que tem

O "diálogo interior" e as nossas crenças mais amplas acerca de como a vida *deveria* ser afetam nosso grau de motivação — de modo positivo ou negativo. As sugestões a seguir podem ajudar. São apenas exemplos; nenhuma lista poderia ser exaustiva. Assim, tente adquirir o hábito de desenvolver as suas próprias sugestões sob medida para quando você ou outras pessoas perceberem que você está tendo uma atitude negativa.

Problema	Sugestão
Diálogo interior — hábitos insalubres (ver Capítulo 8)	
Generalizar, "irracionalizar" e transpor.	Acompanhe de modo ativo (se puder!) os comentários que faz sobre si mesmo; convença um amigo a ajudar você a fazê-lo.
Crenças irracionais (ver Capítulo 8)	
"Tenho de fazer *ou* A *ou* B."	Além de considerar a opção C, estabeleça uma maneira de poder fazer *tanto* A *como* B — de modo geral, é possível.
"As pessoas *deveriam* tratar-me com respeito; se elas não o fazem, devo ser de algum modo inferior/terei de atacá-las/etc."	Lembre-se de que, no tocante ao comportamento das pessoas, poucas são as verdades universais; resolva o seu problema de forma mais eficaz iniciando pela afirmação "Prefiro que as pessoas me tratem com respeito; por isso..."
Diálogo interior — medo do sucesso (ver Capítulo 12)	
"Não mereço o sucesso porque estou convencido de que não tenho valor."	Comece dando pequenos passos se for necessário — existe com certeza *alguma coisa* em que você mereça ter sucesso, não é?
"Se eu tiver sucesso, as pessoas já não terão simpatia por mim."	Leve em conta o fato de que as pessoas poderão deixar de ter simpatia por você dentro de pouco tempo, se você não tomar algumas medidas para ajudar a si mesmo.

Problema	Sugestão
(Diálogo interior — medo do sucesso *cont.*)	
"As pessoas vão prestar atenção em mim e serei forçado a ser 'especial'."	Verifique se as pessoas já não estão prestando atenção em você, imaginando por que você não está mais motivado.
"Se ficar mais motivado, serei tragado por um vórtice que me forçará a manter uma reputação em constante crescimento, e isso vai ser cansativo."	Veja se você não está na verdade drenando *mais* energia para resolver o seu atual estado de *desmotivação*.

Apêndice E

Elementos do Indicador de Tipos Meyers-Briggs (ITMB)

Examinando as respostas a algumas perguntas de "compensações", o ITMB indica a abordagem de vida que a pessoa prefere em termos de quatro dimensões:

1. Energização (direção da energia)

1. Extrovertido (E)	Introvertido (I)
Exterior	Interior
Impulso para fora	Impulso para dentro
Põe tudo para fora	Mantém tudo dentro
Amplitude	Profundidade
Pessoas, coisas	Idéias, pensamento
Interação	Concentração
Ação	Reflexão
Fazer-Pensar-Fazer	Pensar-Fazer-Pensar

2. Expectativa (percepção)

Sensação (S)	Intuição (I)
Os cinco sentidos	Sexto sentido
O que é real	O que é possível
Prático	Teórico
Presente	Futuro
Fatos	Introvisões
Capacidades existentes	Novas capacidades
Utilidade	Novidade
Passo a passo	Progride aos saltos

3. Decidir (intercâmbios)

Pensamento (P)	Sentimento (S)
Cabeça	Coração
Sistema lógico	Sistema de Valores
Objetivo	Subjetivo
Justiça	Misericórdia
Crítica	Cumprimento
Princípios	Harmonia
Razão	Empatia
Firme mas leal	Compaixão

4. Vida (orientação para o mundo exterior)

Julgamento (J)	Percepção (P)
Planejador	Espontâneo
Regular	Fluir
Controlar	Adaptar
Assentado	Experimentador
Dirigir a própria vida	Deixar a vida acontecer
Estabelecer metas	Reunir dados
Decisivo	Receptivo
Organizado	Flexível

(A descrição do ITMB foi modificada e reproduzida com permissão especial do Editor, Consulting Psychologists Press, Inc., Palo Alto, CA, 94303, a partir de *Introduction to Type*, de Isabel Briggs Meyers. Copyright 1993 da Consulting Psychologists Press. Todos os direitos reservados. Outras reproduções estão proibidas sem o consentimento por escrito do Editor.)

Apêndice F

Conceitos selecionados da PNL

Conceito	Descrição
Indícios de Acesso	Usar o corpo (respiração, postura, gestos, movimentos oculares) para desencadear um estado (ver adiante) ou ter acesso ao estado de alguém.
Ancoragem	Implantar uma ligação entre um estímulo e uma resposta (por exemplo, uma música específica... que deixa você feliz; roupas específicas... que o tornam confiante).
Estrutura do tipo "Como se"/Ritmo futuro	Imaginar que algum evento aconteceu, com o objetivo de resolver problemas e garantir o sucesso (por exemplo, imaginar os seus ouvintes enquanto ensaia uma palestra com o objetivo de antecipar as reações deles).
Associação/Dissociação	Estar plenamente mergulhado num pensamento ou sentimento/observar a si mesmo a distância; usadas, por exemplo, para arraigar novos comportamentos ou para "aprender de que modo você aprende".
Primeira posição (e segunda e terceira posições)	Estar inteiramente em contato com todas as dimensões de seu próprio ser no momento em que estiver planejando ou modelando (ver abaixo) uma ação. Segunda posição: sentir alguma coisa do ponto de vista do "receptor". Terceira posição: observar como se estivesse a distância.
Congruência/Incongruência	Ter sentimentos interiores ou expressões exteriores que sejam coerentes/incoerentes (por exemplo, sorrir/franzir o cenho ao dizer "isto é fácil").
Modelar	Analisar o modo pelo qual alguém atinge uma meta, de modo que alguma outra pessoa possa compreender o processo ou copiá-lo. A base para o aprendizado acelerado.
Ritmar	Estabelecer um relacionamento com uma dada pessoa e manter esse relacionamento por um determinado intervalo de tempo, ao criar uma imagem reflexa dessa pessoa ou fazer o que ela faz. Você pode ritmar tanto o comportamento como as crenças e idéias.
Estado (provido/desprovido de recursos)	Passar pela experiência de ter um conjunto completo de sentimentos coerentes (por exemplo, o estado provido de recursos de "confiança" ou o estado desprovido de recursos de "depressão").

Apêndice G

Sugestões para a maestria da motivação

Desenvolver a perícia   Seus planos?

• Identificar uma ou duas técnicas de motivação que o impressionem.

• Observar e refletir enquanto aplica essas técnicas — alterando-as a fim de fazê-las adaptar-se ao seu próprio estilo.

• Estabelecer como meta a adoção do uso dessas técnicas, como uma segunda natureza, tanto para você como para os outros. Por exemplo, se você se sentir desmotivado, o seu circuito da VICTORY deve ser iniciado automaticamente.

Desenvolver a experiência   Seus Planos?

• Comece pela prática de suas capacidades numa situação na qual você se sinta à vontade. Você pode querer começar fazendo um trabalho voltado antes para motivar a si mesmo do que para motivar outras pessoas.

• Entre em situações que pareçam exigir mais — quer estejam ligadas a você mesmo ou a alguma outra pessoa.

• Estabeleça uma dosagem de motivação para aplicar às suas interações — não se está necessariamente diante de uma situação "tudo ou nada".

Bibliografia

MOTIVAÇÃO

ATTAR, F.
The Conference of the Birds (versão condensada em *Tales from the Land of the Sufis*, de M. Bayat e M. A. Jamnia)
Shambhala Publications Inc., Boston, Massachusetts, 1994
Em busca do seu líder, trinta pássaros cruzam os vales da Busca, do Amor, da Gnose, do Desapego e da Unidade e, em seguida, os desertos do Assombro e da Aniquilação. No final, eles descobrem...

CHOPRA, D.
The Seven Spiritual Laws of Success — A Practical Guide to the Fulfilment of Your Dreams
Bantam Press, Londres, 1996
Uma caixa de ferramentas da Realidade Virtual para o viajante espiritual do século XXI.

DANTE
Divina Commedia
Penguin Books, Londres, 1984
Ilustra o fato de a jornada para a motivação e a auto-realização requerer tanto a Razão como a Fé, representadas por Virgílio e Beatriz, respectivamente.

LANDSBERG, M.
The Tao of Coaching — Boost Your Effectiveness at Work by Inspiring and Developing Those Around You
HarperCollins *Publishers*, Londres, 1996
Instrumentos e técnicas para ajudar você a ser "treinador" de outras pessoas e, dessa maneira, tornar-se pessoalmente mais eficiente. Tem o mesmo formato do livro que você está lendo agora.

ROBBINS, A.
Unlimited Power — The New Science of Personal Achievement
Simon & Schuster Ltd., Londres, 1988
Técnicas para "reprogramar" a si mesmo, bem como para refazer o seu mundo. Palavras-chave: sintaxe do sucesso, confiança, liberdade emocional, estrutura de crenças.

VÁRIOS

(Auto)biografias

Leia a biografia de uma pessoa que o deixe curioso; observe o modo pelo qual essa pessoa continuava motivada.

PSICOLOGIA

BERNE, E.
A Layman's Guide to Psychiatry and Psychoanalysis
Penguin Books, Londres, 1968
Um esboço escrito com clareza para o leitor não especializado. Explica como funciona a mente quando ela se desenvolve dentro da normalidade, o que pode dar errado e por que, e quais os tratamentos disponíveis para a doença mental.

BERNE, E.
Games People Play
Penguin Books, Londres, 1968
Um catálogo brilhante, divertido e claro dos dramas psicológicos que os seres humanos repetem vezes sem conta. Um clássico.

BRIZER, D.
Psychiatry for Beginners
Writers and Readers Publishers, Inc., Nova York, 1993
Um panorama leve — mas perceptivo — da psiquiatria e da psicologia. Ilustrado com manifestações artísticas inspiradas em caricaturas.

ELLIS, A.
Better, Deeper and More Enduring Brief Therapy: The Rational Emotive Behavior Therapy Approach.
Brunner Mazel, Inc., Nova York, 1995
Um guia sucinto e acessível de uma escola de psicologia cognitiva bastante prática.

KEIRSEY, D. & BATES, M.
Please Understand Me: Character and Temperament Types
Prometheus Nemesis Book Company, Del Mar, Califórnia, 1984
Introdução à classificação Meyers-Briggs de tipos de personalidade.

· 164 ·

O'CONNOR, J. & SEYMOUR, J.
Introducing Neuro-Linguistic Programming
The Aquarian Press, Londres, 1993
Os princípios e instrumentos fundamentais da PNL — apresentados de maneira acessível e estimulante.

POPE, A.
An Essay on Man (in *Pope — Poetical Works*)
Oxford University Press, Oxford, 1966
Misto de psicólogo e poeta, Pope desnudou a alma, as paixões e a mente.

ADMINISTRAÇÃO

ADAIR, J.
Effective Motivation
Pan Books, Londres, 1996
Um guia prático da motivação no ambiente de trabalho.

DUNNE, P.
Running Board Meetings: Tips and Techniques for Getting the Best from Them
Kogan Page, Londres, 1997
Inclui ajuda sobre como motivar gerentes do alto escalão no ambiente crucial das reuniões do Conselho Diretor.

HERZBERG, F.
One More Time: How Do You Motivate Employees?
Harvard Business Review, jan.-fev. de 1968, Harvard Business School Press, 1968
Estabeleceu a idéia, então revolucionária, de que os fatores de motivação se distinguem dos fatores "essenciais".

KELLY, K.
Out of Control
Fourth Estate Ltd., Londres, 1994
A evolução, a co-evolução e os motivos pelos quais tentativas de controlar rigidamente todas as coisas estão fadadas ao fracasso.

MASLOW, A. H.
A Theory of Human Motivation
Psychological Review, nº 50, 1943, pp. 370-96; American Psychological Press, 1943.
Este artigo apresenta as reflexões de Maslow acerca da sua famosa hierarquia das necessidades; ainda aplicável e objeto de muitíssimas citações.

STRAGE, H. M. (ORGANIZADOR)
Milestones in Management — An Essential Reader
Blackwell Publishers, Oxford, 1992
Coletânea ímpar dos artigos seminais originais que promoveram o avanço do pensamento a respeito da administração. Inclui sete artigos que abordam a liderança — entre os quais, obras de Maslow, Drucker e Herzberg.

GERAL

HERRIGEL, E.
Zen and the Art of Archery
Arkana, Londres, 1985
Uma excelente ilustração do instinto-em-ação do mestre.

HERRMANN, N.
The Creative Brain
Brain Books, Carolina do Norte, 1989
Amplia a noção do pensamento do cérebro esquerdo e do cérebro direito. Ilustra aplicações à criatividade, ao caráter e à carreira.

KOZUBSKA, J.
The 7 Keys of Charisma
Kogan Page, Londres, 1997
Conceitos e histórias curiosas que ajudam a desmistificar a fugidia noção de carisma.

SCOTT PECK, M.
The Road Less Travelled
Arrow, Londres, 1978
Como enfrentar os problemas da vida e resolvê-los.

Glossário

Alimentar (a confiança) — O Passo 2 do desenvolvimento da *Confiança*. O cultivo da confiança por meio da obtenção (ou do fornecimento) ativa de reforço — por exemplo, a partir do elogio, do reconhecimento do próprio valor ou de vínculos mente-corpo-espírito.

Arrancar as ervas daninhas (que afetam a confiança) — Passo 3 do desenvolvimento da *Confiança*. O acompanhamento cuidadoso do *Diálogo Interior*, das *Crenças* e do resultado para garantir que sustentem (em vez de boicotar) a confiança.

Belbin, Papéis Grupais de — Uma maneira de caracterizar o papel que a pessoa prefere desempenhar (particularmente no contexto da equipe).

Comportamentalismo — As concepções, formuladas por Pavlov, Skinner e outros autores, da pessoa como um "operante" cujo comportamento pode ser condicionado. Esses autores deram uma ênfase menos explícita às funções da motivação e do subconsciente.

Confiança — Um estado de fé na capacidade pessoal de tomar iniciativas voltadas para atingir uma meta. (Ver *Sentir, Semear, VICTORY, Arrancar ervas daninhas* e o Capítulo 5.)

Crenças — O nosso modelo (implícito e explícito) de como é o mundo ou de como gostaríamos que ele fosse. Quando nos vemos diante de acontecimentos adversos, as crenças racionais (preferir... esperar que... desejar que, etc.) levam a emoções saudáveis e a ações construtivas. As crenças irracionais levam a emoções doentias e a ações destrutivas. (Ver o Capítulo 8.)

Desgaste — Ver *Tensão*.

Diálogo interior — Mensagens — tanto conscientes como subconscientes — que enviamos a nós mesmos. É possível reestruturar o roteiro dessas mensagens caso elas estejam solapando os nossos esforços.

Ego — Uma das três partes nas quais Freud divide a psique. O *Id* representa os impulsos instintivos e tem sua ação determinada pelo Princípio do Prazer; o

· 167 ·

Ego "administra" as nossas ações e baseia sua ação no Princípio da Realidade; o *Superego* representa o nosso modelo do que é o comportamento "correto" e tenta interromper ações "impróprias". (Ver o Capítulo 10.)

Fracasso, medo do — De modo confuso, a expressão *medo do fracasso* é usada muitas vezes com dois sentidos diferentes, e quase opostos, entre si: a) o medo de **se tornar um fracasso na vida** (nesse sentido, o medo do fracasso nos impele a agir com o fito de alcançar o sucesso) e b) o medo de que **possamos fracassar caso tomemos uma iniciativa específica** (isso nos inibe a ação). (Ver o Capítulo 12.)

Geração do Pós-Guerra — Geração das pessoas nascidas no final da década de 1940 e no começo da década de 1950. (Ver o Capítulo 15.)

Geração X — A geração de pessoas nascidas na década de 1970. Trata-se de pessoas que adoram a tecnologia, são dadas a "clicar" e ao processamento paralelo. (Ver o Capítulo 15.)

Humanismo — Escolas terapêuticas, desenvolvidas por Rogers e outros, que tratam os problemas dos pacientes empática e holisticamente. Inclui a Terapia da Gestalt e a Análise Transacional.

Id — Ver *Ego*.

Indicador de Dominância Cerebral Herrmann — Uma maneira de caracterizar o uso preferencial do cérebro esquerdo e do cérebro direito (bem como do cérebro superior e do cérebro inferior) de uma pessoa.

Liderança — Criar um sentido de missão com base em idéias que, sendo novas e visionárias, são também práticas; inspirar outras pessoas a se envolver com a missão e com a equipe; acompanhar atentamente e manter a energia da equipe e o impulso do projeto.

Maestria (na motivação) — O estado habitual, instintivo e intuitivo de manter a si mesmo e as outras pessoas motivados.

Mecanismos de defesa — Estratégias que usamos de modo inconsciente a fim de nos defender de ansiedades dolorosas. O uso a curto prazo de alguns desses mecanismos é considerado saudável; recorrer a eles a longo prazo não o é. (Ver o Capítulo 10.)

· 168 ·

Meyers-Briggs, Indicador de Tipo — Uma maneira de caracterizar o tipo de personalidade preferido de uma pessoa. Tem como origem a concepção junguiana da psique. Tem sido amplamente usado no ambiente de trabalho.

PNL — Programação Neurolingüística. (Ver o Capítulo 16 e o Apêndice F.)

Reagir aos resultados — O modo pelo qual reagimos a informações acerca do progresso que fizemos rumo à realização das nossas metas. As reações que temos não dependem somente dos *Resultados* que obtemos, mas também do modo pelo qual as nossas *Crenças* e o nosso *Diálogo Interior* filtram e afetam o resultado. (Ver *VICTORY* e Capítulo 8.)

Regressão — Estado no qual se volta a recorrer a mecanismos de relacionamento com as coisas que funcionaram em algum estágio precedente da vida da pessoa (às vezes, a infância). Costuma se manifestar em situações de *stress* elevado. É, por implicação, uma reação não-saudável.

Resultados — Conquistas intermediárias — ou "pontos de apoio" — no caminho rumo à realização da sua meta. (Ver *VICTORY* e o Capítulo 7.)

Semear (confiança) — Passo 1 do desenvolvimento da *Confiança*. O uso da *Visão*, do *Diálogo Interior* e das *Crenças* a fim de aumentar rapidamente a confiança. (Ver *Alimentar* e *Arrancar as ervas daninhas*.)

Serendipismo — A arte de gerar resultados positivos e úteis a partir de acontecimentos fortuitos.

Sucesso, medo do — Um sentimento que inibe a nossa ação de tomar iniciativas. Por exemplo: "É melhor eu não me esforçar em demasia, pois não estou talhado para ser bem-sucedido; o sucesso pode me deixar com uma sensação desagradável." (Ver Capítulo 12.)

Superego — Ver *Ego*.

Tensão — As tensões são forças aplicadas exteriormente. Devem ser distinguidas dos *desgastes*, que são as nossas reações a essas forças. (Ver Capítulo 18.)

Transcender a hesitação — Comprometer-se a agir com vistas à realização de uma meta. O *Diálogo Interior* pode ajudar caso você esteja hesitando quando está prestes a tomar uma iniciativa assustadora. (Ver *VICTORY* e o Capítulo 6.)

VICTORY — Uma técnica eficaz para ajudar você ou outras pessoas a ficarem motivados. Um círculo virtuoso composto por *Visão, Confiança, Transcender a Hesitação, Observar Resultados, Reagir aos Resultados* e *YOU (você mesmo!)*.

Visão — Uma imagem rica e mobilizadora daquilo que você deseja ser ou fazer. Essa visão envolve o máximo possível de sentidos. Ela tanto desencadeia como mantém o ciclo da *VICTORY*. (Ver *VICTORY* e o Capítulo 3.)

Agradecimentos

O mundo do treinamento pessoal e da motivação é povoado por uma gama incomumente ampla de personagens. Uma rica amostra variada desse mundo foi bastante generoso para ajudar a produzir este livro. Agradeço-lhes do fundo do coração.

Ben Cannon (Diretor Mundial de Treinamento e Desenvolvimento da Goldman Sachs) conseguiu de alguma maneira reservar tempo suficiente para conceder várias horas (e seis páginas) de comentários. Ele poderia ter escrito pessoalmente o livro, mas estava demasiado ocupado para fazê-lo. Lucinda McNeile e a sua equipe na HarperCollins mantiveram-me motivado e respeitador das regras gramaticais. David Godwin, meu excepcional agente, alimentou a minha confiança (e a minha disciplina).

Nove outras pessoas — todas elas profissionais destacados no campo do treinamento e da alquimia pessoais — fizeram a grande gentileza de me transmitir as suas introvisões: Susan Bloch, Peter Burditt, Heather Dawson, Graeme Delors-McNaught, Bob Garratt, Tom Lauda, Ruth Tait, David Westcott e Michael Worrall.

Os meus pais, a minha irmã e vários dos meus amigos motivadores também fizeram comentários diretos e fizeram brilhantes sugestões: Giambattista Aleotti, Charles Alexander, Costa Diamontopoulos, Kate Fleming, Petros Kalkanis, David Lieber, Stephen Powell, a doutora Penelope Timpanidis e, de modo especial, Eva Indra.

Não posso deixar de mencionar a influência direta e indireta de ex-colegas e atuais amigos meus da McKinsey & Company. Meus agradecimentos especiais vão para Partha Bose, Ian Davis e Norman Sanson.

Por fim, eu gostaria de elogiar as ilustrações humorísticas do meu colaborador, companheiro de conspiração e amigo HIGGINS. No universal jogo da velha, ele provou outra vez — tal como o fizera em *The Tao of Coaching* — que:

embora a pena seja mais poderosa do que a espada,
o pincel é mais poderoso do que a pena.

Índice Remissivo

ação 28, 74-6
desencadeadores da 49-50
ação automática 66, 77
ação, desencadeadores da 49, 50
Adler, Alfred 79
administração científica 82
adrenalina 51, 133
agir, momento certo de 51
amor 36, 75
animação 22, 29
ansiedade 75, 83
apoio 23, 51, 155
Aristóteles 79
talento artístico 14, 18, 22
arquétipo 80
audácia 52
auto-avaliação/avaliação pessoal 154
autodepreciação 45
auto-estima 104
automotivação 9-10, 15, 18, 22, 23, 69, 142, 148
auto-realização 83, 84
autoridade 115
básicos, fatores 38, 83
Belbin, papéis grupais de 92, 167
carisma 15, 18
compensações 75, 76, 160
comportamentalismo 79, 81, 167
compromisso 82
comunicação 120, 121
confiança 39-44, 150, 155, 167
boicotar 45, 103, 109
promover a 9, 118, 139
e o resultado 63-5, 155
e a visão 24-25, 31
conflito, resolução de 90, 111-12
consciente, mente 76-80

contexto 41, 141
controle 139
corpo 44, 47, 130, 132
corporal, linguagem 119
crenças 63-6, 85, 150, 158, 167
crescimento 38, 77
criatividade 55, 56, 75, 76
"de cima para baixo", abordagem 112
defesa, mecanismos de 38, 75-76, 78, 80, 84, 151, 168
demonstração 31
desafio 41
desejos 75, 76
desgaste 129, 131, 132, 134, 135, 151, 167
desmotivação 23, 25, 93, 95, 96, 98, 99, 101, 103, 104, 159
dever 38
diálogo interior 63, 65, 66, 98, 155, 158-9, 167
construtivo 150
negativo 42, 60, 94
e stress/e tensão 129, 134
dinheiro 33, 37, 38, 83, 89
diversidade 115
dominó, efeito 105, 108, 109, 151
Ego 78, 168
elogiar a si mesmo 65, 151
elogio 23, 41, 45, 123-128, 151
elogiar a si mesmo 65, 151
emoção 63, 132
encorajamento 23, 42, 98, 154
energia 11, 18, 25, 92, 146, 160
entusiasmo 15, 30
equipe/coletivo 31, 88, 143
Belbin, papéis na equipe 92
líder de equipe 15, 22
Erikson, Erik 79

· 172 ·

esforço 20, 25, 150
esperança 38
espírito 44, 77, 131, 132
espontaneidade 90
estilo 19, 70
existencialismo 79
expectativas, teoria das 81
experiência 52, 112-113, 114, 146, 148-149
extrovertida, personalidade 88-90, 92, 160
família 17, 18, 21, 115, 141, 142
fé 24, 44
físico, exercício 44, 45, 131
flexibilidade 58
foco 11, 40
fracasso 52, 53
medo do 95-99, 111, 115, 151, 168
Frankel, Victor 79
Freud, Anna 79, 80, 85
Freud, Sigmund 77-78, 79, 85
geração do pós-guerra 113, 115, 168
Geração X 113, 115, 168
gerações, hiato entre 111-15
hábito da motivação 144, 145, 146, 148
Hawthorne 82
Hermann, Indicador de Dominância Cerebral 92, 169
Herzberg, Frederick 83
hesitação 51, 52
hierarquia de necesssidades 83, 84
Hipócrates 79, 87, 92
Humanismo 79, 81, 168
humores 87, 92
Id 78
idade 111-115
imaginação 24, 31, 92, 119
impulso 9, 25, 17-18, 30, 33, 34, 36-38, 75, 76, 78, 150
inconsciente coletivo 77-80

inconsciente, mente 75, 76
individualismo 115
iniciativa 51
inovação 82
inspiração 14, 17-18
instinto 145, 148-149
inteligência 15, 18
introvertida, personalidade 88-90, 92, 160
intuição 92, 120, 145, 148-149, 160
inveja 35, 38
julgamento 52, 92, 160
Jung, Carl 78-80, 88
Kohut, Heinz 79
Laing, R. D. 79
lealdade 115
liderança 9, 14, 17-18, 74, 150, 168
linguagem 118, 122
lógica 92, 115
Maslow, Abraham 79, 82, 83
Mayo, Elton 82
McGregor, Douglas 82
meditação 131
medo:
do fracasso 95-99, 111, 115, 151, 168
do sucesso 95-99, 151, 158-9, 169
mente 44, 77, 80, 131, 132
mestre em motivação 143, 145, 146, 148, 149, 162
metas, ver objetivos
gregos antigos 79, 87
modelar 119, 122, 161
motivação específica 10, 22, 31, 150
motivador, ver impulso
mudança 77
Meyers-Briggs, Indicador de Tipo 80, 92
não-verbal, comunicação 120
necessidades, hierarquia das 83, 84
negatividade 94, 115
efeito dominó 105-109

mensagens de 104
modelo negativo 104
no diálogo interior 42, 60, 66, 94
objetivos 27, 121, 155
obstáculos 9, 24, 53, 55, 56, 58, 59, 155
ódio/raiva 75
orgulho 35, 38
paciência 23
Pavlov, Ivan 79, 81
pensamento 92, 119, 160
percepção 92, 160
perícia 146, 148-49, 162
personalidade 23, 74, 78
tipos de 87-92, 151
perspectiva 55
pessoal, desenvolvimento 118, 121
pessoal, inconsciente 80
pessoas, capacidades das 18
Peters, Tom 83
Piaget, Jean 79, 80
planejamento 37, 138
flexibilidade no 55, 56, 58
e personalidade 89-90, 92
e visão 27-29, 31, 32, 150, 155
PNL (Programação Neurolingüística)
117-22, 151, 161, 169
poder 35, 38
prazer 75, 76
Prazer, Princípio do 78
problemas, resolução de 15, 18, 88
procrastinação 155
progresso 23
psicologia 69, 72-74, 77-80, 85, 120
Realidade, Princípio da 78
recompensa 38, 83, 155
regressão 75, 169
relações com o objeto, escola das 79
respeito 36, 38, 110, 118
resultado 9, 24, 44, 53, 55, 57, 58, 59,
115, 150, 154, 169

procurar obter 154, 155
reagir ao 9, 20. 24-25, 61, 63, 65,
121, 169
ritmar-se 23
Rogers, Carl 79, 81
saúde 77
segurança 9, 38, 76
sensação 92, 160
sentidos 122
e comunicação 119, 120
e visão 31, 32, 150, 155, 156
sentimento 92, 160
serendipismo 55, 58, 101, 150, 155, 169
sexo 35, 38, 78
Skinner, B. F. 79, 81
Sloan, Alfred P. 83
sorte 24
sucesso 44, 56, 143
como fator de motivação 35, 38
e confiança 41, 43, 44, 45, 54
medo do 95-9, 151, 158-9, 169
visualizar o 24, 44, 116, 118, 156
Superego 78
Taoísmo 10
Taylor, Frederick 82
tecnologia 115
Terapia Cognitiva 79, 81
Tolman, Edward 81
tomar decisões 92, 160
trabalho, satisfação no 83
transcender a hesitação 9, 24, 46-52,
118, 150, 155, 169
VICTORY, ciclo da 23-4, 89, 96, 134,
141, 145, 150, 170
virtuoso, círculo 20, 25
visão 20, 23-27, 29-32, 138, 155, 170
e ação 49, 51
e confiança 41, 44, 45
desenvolver a 11, 156
destruir a 103

· 174 ·

e liderança 14, 17-18
  e resultado 58
visualização 116, 118, 145
vontade, destruir a 103-4
Vroom, V. H. 81

Waterman, Bob 83
Winnicott, D. W. 79
yin-yang 10
You (você mesmo!) 67-71
Zen 147